章开沅 著

贝德士文献研究

广西师范大学出版社
·桂林·

本书经由宇宙光全人关怀机构(宇宙光出版社)授权
著作权合同登记号桂图登字:20－2010－160 号

图书在版编目(CIP)数据

贝德士文献研究／章开沅 著.—桂林:广西师范大学
出版社, 2011.4
ISBN 978－7－5495－0349－0

Ⅰ.①贝… Ⅱ.①章… Ⅲ.①基督教－文献－研究
Ⅳ.①B978

中国版本图书馆 CIP 数据核字(2010)第 004642 号

出 品 人:郑纳新
策　　划:郑纳新
责任编辑:魏　东
装帧设计:赵　瑾
广西师范大学出版社出版发行

（广西桂林市中华路22号　　　邮政编码:541001
网址:http://www.bbtpress.com　　　　　　　　　　）
出版人:何林夏
全国新华书店经销
销售热线:021－31260822－129/139
山东临沂新华印刷物流集团有限责任公司印刷
(山东省临沂市高新技术开发区新华路东段　邮政编码:276017)
开本:890mm×1 240mm　　1/32
印张:5.25　　　　　　　字数:102 千字
2011 年 4 月第 1 版　　2011 年 4 月第 1 次印刷
定价:35.00 元

如发现印装质量问题,影响阅读,请与印刷单位联系调换。
（电话:0539－2925659）

自　序

正如多年以前香港《星岛日报》一位年轻记者所言:章开沅一生充满偶然。

青年时期爱好文学,很想成为一个持枪跃马的战地记者,却不料革命给我安排了终身职业——历史教师。

20世纪50年代初,原本热衷于研究太平天国"天朝田亩制度"及其具体实施状况,却不料民主德国贝喜发博士不远万里前来专心致志访求武昌起义资料,从此使我的研究兴趣转移到辛亥革命。

尽管60年代和70年代历经坎坷,但对辛亥史事的研究却痴迷如旧,80年代以后在这个领域略有建树,海内外学界人士亦多以辛亥革命专家相期许,自己也很想终生潜心于此项研究。

不料(又是一个不料)1986年普林斯顿大学历史系刘子健教授与宗教系威尔逊教授联袂来访,并且建议我从事并推动中国教会大学史研究。由于此前毫无思想准备,加以过去又缺乏研究基础,所以不能不问为何有此建议。相知已深的子健兄笑曰："一是因为你曾在教会创办的金陵大学求学，二是因为你现在工作的学校前身华中大学也属教会背景，三是因为你既是历史学家而现在又担任大学校长。"他边说边伸出三个指头，然后以近乎最后决断的口气说："我们认为你是最适合的人选。"

　　我是个可塑性很强并且随遇而安的人。他这番话立刻使我信服，于是，在耳顺之年又一次转移自己的研究重点。不过由于当时我还在校长任内，行政工作内外交迫，压得我几乎喘不过气来，所以在 80 年代最后几年只能做一些有关加强教会大学史研究的倡议、联络与推动之类的零碎工作。1989 年 6 月初在华中师范大学举办的中国教会大学史国际研讨会和稍后出版的会议论文集《中西文化与教会大学》，可以勉强看作这几年断断续续工作的一点成绩。

　　真正从事中国教会大学史研究是 90 年代的事情。1990 年暑假，终于摆脱繁重的行政工作，先后在美国普林斯顿、耶鲁、加州（UCSD）三所大学潜心从事基督教与教会大学史研究。但出于研究工作的通盘考虑，旅美三年期间主要是搜集教会大学史资料并阅读相关重要学术著作，亦即为此后的研究打好基础。撰写的论文很少，只有《中国教会大学的历史命运》、《教会大学与 20 世纪 20 年代的中国政治》两篇。前者曾先后于 1991 年在耶鲁大学举办的中国教会大学史国际研讨会与 1993 年在台湾"中研院"近代史研究所的例会上报告，并且被收入《郭廷以先生九秩诞辰纪念论文集》（台北，1995 年）；后者则是为 1991 年春在弗吉尼亚大学举办的汉学会议提交的论文。

　　1994 年 4 月，终于结束了前后将近四年的浪迹海外各地的流动生活,回到华师重新开始潜心于自己热爱的学术工作,其中投入精力较多的仍然是教会大学史研究。因此,收入这本文集的文章多数是 20 世纪 90 年代至今的作品。

《中国教会大学的历史命运》一文,试图对近百年来教会大学在中国大陆的产生、发展、消亡的过程作一番客观的宏观历史考察,不仅探索其宗教功能与教育功能在不同阶段此消彼长的轨迹,而且阐明其逐步走向专业化、世俗化、本土化的总趋势。此文把教会大学定位为中西文化交流的产物,并且努力从中国社会变化与政治变幻的总体上寻求其盛衰消息。教会大学在 20 世纪 20 年代以后,曾经顺应世界与中国的发展潮流,多方面调适自己以求应对民族主义的挑战,企望在满足本土社会福祉的服务事工中扩大基督福音的影响,并且在极其艰难的岁月中赢得令人瞩目的辉煌业绩。但终于在 20 世纪 50 年代初,由于中国国内与国际政治局势巨大、深刻而又急剧的变化,从此结束了自己的悲剧命运。中国教会大学的消亡,有外在的不可抗拒的原因,同时也有自己内在的难以克服的弱点,其中包含着许多我们至今仍应认真对待的经验教训。

《"南京帮"的故事》则是对教会大学史的个案研究,考察的对象限定于以曾在金陵大学与金陵女子文理学院任教者为主干的一个小小传教士群体。"南京帮"是他们略带嘲噱而又情有独钟的自称,虽然没有任何实质性的团体组织,但"南京情结"(实质上就是中国情结)却成为把他们紧密联结在一起的心理纽带。他们在中西文化交流中所扮演的角色有两个面向,既把以基督教为底色的西方文化传入中国,又把以儒学为背景的中国文化带回故士,而归根结底就是充当了中西文化交流的桥梁。他们来华的初衷当然是谋求实现中国的基督化,但他们既然长期生活与工作在这个社会环境中,自身便无可避免地在不同程度上逐渐"中国化",其结果则是在中国与美国都成为某种意义上的"边缘人"。讲述这个小小群体的故事,或许可以有助于增进对于教会大学史的理解,因为学校以教师为本,而他们正是这个"本"的一个组成部分,并且是极为活跃且影响甚大的一部分。

贝德士先后在牛津和耶鲁受过相当良好的史学训练,并且在金陵大学历史系任教近五十年。他的最后也是最大的愿望,就是继承和发展赖特烈的学术业绩,撰写一部更为完整的中国基督教通史。1965年在纽约协和神学院退休以后,更以主要精力从事这一巨著的撰写工作。本书所收《东亚基督教的西方诠释——评贝德士〈差会与远东文化的关系〉》与《巨大的流产——贝德士与中国基督教史研究》两篇文章,试图向读者概略介绍贝德士有关中国基督教史的宏观架构、基本理念与重要学术观点。《基督徒奋进在中国社会1900—1950》这本大书的撰写,虽然由于作者的猝死而未能完稿,但其视野的广阔、思路的严密与对历史过程审视的缜密,至今仍使我们为之倾服。特别是他对中国文化与中国人民(尤其是基督徒)的尊重,对西方中心主义的倨傲的批评,都显示出一位真诚的史学家与纯正的基督徒的精神风貌。贝德士为撰写这部巨著辛勤劳作历经13个寒暑,他所遗留的卷帙浩繁的相关文稿是一笔极为宝贵的遗产。我希望通过自己粗浅的评介,能对有志于利用这些资料研究中国基督教史的年轻学者有所裨益。

20世纪20年代,对于中国基督教的发展而言,是一个非常重要的历史时期。《教会大学与20世纪20年代的中国政治》一文,确认民族主义浪潮是这一时期的历史主流,并且试图把教会大学的发展变化放在历史主流中加以考察剖析。尽管从 1922 年 4 月开始的非基督教运动引发了轩然大波，并且与其后的五卅运动与北伐战争汇合为汹涌澎湃的反帝潮流，终于使教会大学一度成为众矢之的并承受猛烈冲击，然而此次反基督教运动终究没有成为义和团运动的再版。历史始终循着良性的导向前进，教会大学在中国不仅没有遭受致命挫折，反而逐渐呈现历史上最好的发展态势。本文不仅从非基督教运动方面着眼，而且也对过去往往忽视的非基督教另类声音给以考察，然后再从民间（主要是社会精英）、政府、教会三个侧面探讨多种社会因素之间的互动关系。历史是一面镜子，对于这段史事重新认识，或许可以使我们比较清醒地理解现今社会、政府、教会之间的互动关系。

南京沦陷期间，贝德士奉陈裕光校长之命以副校长名义留守金大校园，他不仅恪尽职责，奋不顾身地保护学校财产，并且参与组建南京安全区国际委员会，努力救援 20 余万难民，仅金大校园即曾收容逾万。他与国际委员会其他成员及相关中国职工一起，日日夜夜奋不顾身与野兽一般的侵华日军相周旋，并且如实地逐日逐人逐事记录下日军烧杀淫掳乃至贩卖毒品等各种滔天罪行。贝德士保存的国际委员会档案与自己的许多私人文献，都妥善保存于耶鲁神学院图书馆，成为现今可供利用的研究南京大屠杀的一项大宗重要资料。为了追念贝德士在南京沦陷时期的奋勇献身与感人事迹，同时也为了回击日本某些右翼势力对贝德士的诬蔑与攻讦，所以一并收入此文供读者参考。

2007 年是马礼逊来华 200 周年，世界华福会学术与文化事工协调委员会与宇宙光全人关怀机构等团体，热情地邀请我提供一册有关华人宣教史的书稿，并慨允纳入"马礼逊入华宣教 200 年纪念论文集"出版计划。作为多年从事中国基督教史研究的学者,自然应该以实际行动支持这个宏大的计划,所以自选并研究撰写了这六篇文章,聊以表达自己诚挚的心意。由于这些文章主要是研究贝德士并利用了他遗留的大量文献,所以把书名确定为《贝德士文献研究》,借以追念这位已故老师当年对我的教诲与关切。

目录
CONTENTS

中国教会大学的历史命运：

以贝德士文献为实证 / 1

"南京帮"的故事：传教士在中西文化交流中的角色 / 32

    一、"南京帮"的由来 / 32

    二、峥嵘岁月稠 / 36

    三、患难见真情 / 44

    四、永远的情结 / 51

东亚基督教的西方诠释：评贝德士《差会与远东文化的关系》/ 54

巨大的流产：贝德士与中国基督教史研究 / 82

    一、准备工作 / 83

    二、贝德士与赖特烈 / 85

三、提纲与试写稿 / 90

四、流产与遗产 / 108

教会大学与 20 世纪 20 年代的中国政治 / 112

让事实说话：贝德士眼中的南京大屠杀 / 127

一、一位态度极为公正的外侨 / 128

二、揭露暴行乃是一种道德义务 / 132

三、首要工作是真诚地面对现实 / 145

中国教会大学的历史命运:

以贝德士文献为实证

  中国教会大学在大陆已经绝迹五十多年了,但它毕竟曾经存在半个世纪以上,具有一定的历史地位与作用,而且其影响至今仍然不难觉察,因此有必要做进一步的研究。[①]本文限于时间与篇幅,只想就贝德士博士(Dr. Bates)所遗留的相关文献,并且循着贝德士的视角和思路,从宏观上考察中国教会大学的历史命运。这也许可以看作是我自己研究中国教会大学史的起步。

[①] 对中国教会大学史,美国学者着手较早。从 1954 年开始,中国基督教大学联合董事会主持编写出版一套有关教会大学的系列丛书,已出版的有福建协和大学、金陵女子大学、之江大学、圣约翰大学、齐鲁大学、东吴大学、华南女子文理学院、燕京大学、华西协和大学等 10 种。70 年代以后,又有一批学术专著出版,较重要者如 Jessie Lutz, *China and Christian College, 1850 - 1950*, Ithaca, 1971; William Fenn, Christian Higher (转下页)

一

首先,应该介绍贝德士博士其人。

贝德士本名 Miner Searle Bates,1897 年 5 月 28 日生于美国俄亥俄州 Newark。父亲 Miner Lee Bates 是一名新教牧师,长期担任海德姆学院(Hiram College)院长,在当地享有很高的声望。小贝德士就在这所学院读书,于 1916 年(19 岁)获学士学位。由于品学兼优,得到罗兹(Rodes)奖学金,去英国牛津大学攻读历史。时值欧洲战火正烈,第二年(1917)他便离开牛津,作为基督教青年会(YMCA)干事随军前往近东,稍后又正式加入美国军队。

退伍后,贝德士回牛津继续读书,专攻近代史,1920 年以优异成绩获硕士学位。这年夏天回到美国,随即志愿接受教会派遣,前往中国南京在金陵大学任教。这是他在中国教学生涯的开始,直到 1950 年最终离华返美,前后整整三十年;金大以外,他还曾先后在金陵女子文理学院、国立中央大学、政治大学等学校兼课。同时,他又在课余兼职于基督教高等教育委员会(The Christian Council for Higher Education)、太平洋关系研究院(The Institute of Pacific Relations)等机构。他经常为报刊撰写国际评论,是一位学者型的传教士和社会活动家。

(接上页) *Education in Changing China*, *1880 – 1950*, Michigan, 1976;Philip West, *Yencheng University and Sino-Western Relations*, *1916 – 1952*, Cambridge, 1976;Mary Brown Bullock, *An American Tarnsplant*:*The Rockefeller Foundation and Peking Union Medical College*, Berkeley, 1980。

20 年代迅速蔓延的反基督教运动,特别是 1927 年的"南京事件",对金陵大学和贝德士本人都是一次猛烈冲击。金大副校长文怀恩(J. E. Williams)惨遭杀害,外籍教职员全部撤退。贝德士偕妻携子,先到上海,继往日本。事态平息以后,他是最先获准返校的美籍教师。此后一直在金大教书,直至抗战爆发。其间曾一度赴美深造,1935 年在耶鲁完成《公元前 221—前 88 年的中国历史》学位论文,并获得博士学位。1936 年至 1941 年之前,他曾七次访问日本,作为教会代表利用当地资料研究亚洲现状、日本社会状况及其政府政策。当时,他是较早也较清醒地向国际社会发出日本军国主义必将点燃全面侵华战火警报的少数美国学者之一。

抗战爆发后,金大西迁成都。其时尚滞留于日本的贝德士,奉学校当局之命,历尽艰险穿过日军战线返回南京,以副校长名义全面负责留守校产。南京沦陷前后,他是南京国际安全区委员会(Nanking International Safety Zone Committee)的发起者之一,随后又是南京国际救济委员会(Nanking International Relief Committee)的骨干与主席,在南京大屠杀期间做了大量保护与救济中国难民的工作。

抗战胜利以后,贝德士又奉命交涉收回校产,为金大复校南京做了大量工作。1946 年 7 月 29 日,贝德士出席东京远东军事法庭对日本战犯的审判。作为南京大屠杀的重要目击者,他以无可辩驳的亲身见闻与实地调查资料,证实并指控日军大肆烧杀淫掳的万恶罪行。他的证词受到广泛传播和赞扬,他在南京沦陷期间援救难民的卓越贡献,亦曾经由国民政府授予襟绶景星勋章以示奖励。

1950 年,由于朝鲜战争爆发和中美关系恶化,贝德士最终离开金大返回美国。此后一直在纽约协和神学院（The Union Theological Seminary）担任教会史等课程的教授，并经常参加哥伦比亚大学东亚研究中心有关学术活动。1965 年退休以后，开始从事《基督徒在华奋进六十年 1890—1950》（*The Protestants'Endeavors in Chinese Socity*, *1890 – 1950*）这一巨著的写作。迄至 1978 年秋猝然病逝，他穷尽 13 个寒暑，为我们留下约 1000 种书刊、报纸的摘录和复印资料，还有 3800 页工作笔记（working drafts），其中包括全书预拟提纲，许多章、节的提要和初稿等。这批宝贵资料，连同他生前细心保存的信件、日记，其他已发表和未发表的文章手稿等各种文献，共 130 盒，1000 余卷，全部收藏于耶鲁大学神学院图书馆特藏室（The Special Collections of Yale Divinity School Library），统称贝德士文献（Bates papers）。贝德士文献是该馆"中国文献收藏"的一部分，编号为 RG10[①]，它不仅是贝德士一生的记录[②]，也是中国教会大学的一部实录。可惜至今学者还未能充分加以利用。

二

为什么在一个非基督教国家（Non-Christian Country）会出现教会大学？什么是教会大学建立的主要宗旨？这个宗旨实现没有？对于这些问题，我们可以从贝德士的手稿中寻求某些答案，虽然并

---

① "中国文献收藏"原文是 China Records Project, Miscellaneous Personal Papers Collection，包括许多在华美国传教士的私人档案，内容极为丰富。

② 以上贝德士简介，即据此文献所写，同时也参考了 Maude Taylor Sarvis, "Bates of Nanking," YMCA, 1942, pp. 1-7。

不完整,也很难说是全面。

贝德士不仅是一个传教士教育家(missionary educator),而且是一个受过良好训练的历史学者。他具有足够的洞察力去分析那些影响教会大学历史命运的中国社会和文化因素。

贝德士陈述说,在 1899 年,在中国 4.5 亿总人口中,大约有 2800 个传教士导引着将近十万中国基督教徒。英、美传教士在一个贫穷的大国中工作,面临着排斥一切外来事物的强大挑战。传统的儒学教条和强烈的反帝情绪,成为基督教在华奋进的主要阻力。但是,需要西方先进科技而又缺乏现代教育制度,却为传教士们提供了新的机遇。外国教会发现,他们可以通过学校在各种境况下接触中国人并影响他们的生活。因此,在 1890 年至 1907 年期间,教会学校迅速增多,其中包括几所学院和初级学院(junior college)。

贝德士认为,教会大学是跨文化互动(cross-cultural interaction)的产物。当然,这是一个漫长的发展过程。在 1882 年,只有 1 所教会学校可以界定为高等学校(post-secondary institution)。12 年以后(1894 年),增加到 4 所学院,不到 300 个学生。到 1950 年,增加到 13 所大学,13000 个学生;这些教会大学分布在全国各地。[①]

但是在基督教内部,对于教会大学却始终存在着意见分歧。贝德士指出:"教会中有些人强烈反对提升教会学校的层次,他们认为这将削弱'直接福音'。宗教教育应是绝大多数教会学校的

----

① William B. Fenn, *Christian Higher Education in Changing China*, *1880 – 1950*, Michigan, 1976, pp. 14-15.

重要功能,只有口头布道和宗教仪式才能福音化中国(evangelizing China)。但是罗伯特·斯皮尔,一位优秀的神学与福音传布者,他却深信教会在中国从事高等教育是一种优势(advantage),这可以通过介绍新知识、基督教理念、道德规范,使之植根于人心,从而减少社会猜疑并改善对于基督教的态度,特别是对于那些徒有其表的基督徒。"①

上述两种意见的争论,长期持续于基要派(Fundamentalism)与现代派(Modernism)之间。从历史上看,现代主义最初是指天主教内的一种运动,它宣告基督教义应随时俱进,容许作必要的调节适应,并与阿夫烈·路易丝(Aflred Loisy,1857—1940)及乔治·泰雷尔(George Tyrell,1861—1909)的教旨结合。1907 年教宗庇佑十世曾严加谴责。此后现代派则是专指新教(基督教)中新的神学趋向。一般称之为自由主义或自由神学(Liberalism or Liberal Theology);现代派与基要派经常发生冲突,因为一方代表自由主义的新教教义(Liberal Protestantism),另一方代表保守的福音主义(Conservative Evagelicalism)。现代派潜心于对《圣经》作批判地研究,愿意接受"现代科学"某些与《圣经》教旨差异甚大的结论,普遍拒绝上帝自我天启(self-revelation)的观念。

基要派,特别是建立于美国的基要派,在 1920 年左右专指保守的福音主义。在 1910—1915 年间,有一系列小册书籍取名《基要》(Fundamentals),用意即在反对现代派,坚持传统基督基本教义与价值标准,特别是要排拒理性主义与现代派的腐蚀影响,维护

---

① 　Miner Searle Bates, *Gleanings-from the Manucripts of M. S. Bates* (edited by Cynthia Mcllean), New York, 1984, p. 43.

源于对经典逐字逐句严谨研读的信仰(the belief in the inerrancy and literal interpretation of scripture)。

贝德士面临现代派与基要派的冲突,并且明显地倾向于前者,虽然他并未留下任何直接的文字陈述。其历史背景大略如下:19世纪70年代,基督教革新运动即已开始,1890年至欧战期间更发展到高峰。革新分子们的成就之一便是海外布道运动,大学生志愿去海外传教的热潮,从北部、麻省很快遍及全美,到1914年已有约6000个学生作为布道者远赴异国。贝德士正是成千上万这一运动的跟进者之一。这个运动后来与进步主义(progressivism)相连接,特别强调"社会福音"(social gospel),关心人们物质的和社会的进步,社会革新成为海外事工的合格验证。而在基要派眼中,学生海外布道运动就是现代派与进步主义,他们都难以认同。

基要派与现代派的争执很早已引入中国。邵玉铭说过:这里存在着自由派与正统派,或者是现代派与基要派的冲突。中国教会在1949年以前分成两个阵营。燕京神学院的领导人赵紫宸教授,一位中国宗教界很有思想的作家,由于他的有关中国哲学、传统、宗教思想和生活的论著而知名,而这些书都被看作是自由主义的。另一位基督教领袖吴耀宗,由于《黑暗与光明》(*Darkness and Light*)一书而著名。燕京大学副校长吴雷川是清朝取得科举高位的学者,由于有关基督教与中国传统文化的著作而享盛誉。两位吴先生不仅被看作是现代派,而且是宗教界的激进派。基要派的代表人物则有宋尚节、王明道、倪柝声,他们大多是本地的传教士。他们拘守基督教义的基要,对现代派深恶痛绝。中国基要派也反对"社会福音",认为人们只有通过《圣经》的个别中介才能获得天启。他们都是基督教的虔诚皈依者,但或多或少疏离现代科学知识,并且忽视高等教育与整个社会的发展。

贝德士与中国教会大学的多数传教士教育家们一样,都在某种程度至少是思想上趋近现代派。他作为带有新观念的年轻教师来到金陵大学,经常与上述两位吴先生等人合作并热心参加诸如青年会之类的社会活动。在校务会议上,他的发言也体现了新的潮流,常能引起到会者的注意。因此,他以满怀同情的笔调叙述教会、教会大学和其他组织的社会服务:"与福音使者(messengers of gospel)的工作有明显区别,他们深受传教士应是中国社会重建(social regeneration)的因素这种看法的影响。许多划时代的革新,如反对鸦片与禁止缠足,都受到他们的鼓励。此外,传教士开办医院、麻风收容所、盲聋学校、孤儿院、戒烟所,为妓女、黄包车夫提供服务等等。他们甚至试图组建男女童子军,尽管成就有限。无论如何,这些陈旧的弊端常常被革新所克服,因而赢得称赞。但各种问题根深蒂固,在许多领域阻力依然强大,传教士既缺财力也缺人力,因此只能做若干力所能及的事情。"①

贝德士对社会服务的态度,反映了中国教会大学的宗旨在20世纪20年代末至30年代的转变。1921年,巴顿博士(Dr. E. D. Burton,北美国外教会董事会主席,芝加哥大学著名教育家)率团考察中国教育。他们充分感觉到民族主义的强劲挑战和中国新式学校的迅速增长,并为中国的教会学校的革新提出三个口号,这就是:更讲实效,更加基督化和更加本土化(indigenous)。贝德士在手稿中摘录了巴顿的报告书《中国基督教教育的现状与问题》(*Report on Christian Education in China:its Present Status and Problems*),其中

---

① *Gleanings*,p. 44.

有一段话:"我们应当准备作必要调整,以求实现我们在中国开办教会学校的根本宗旨。……我愿留在中国,我愿留下来谋求为中国人提供最有效的服务,借以体现基督精神。即令他们不让我形诸语言,可是他们无法杜绝我用生命来表达这一意愿的机会。我将通过基督徒的生命来经受考验,即令是不能以基督徒的语言来经受考验。"[1]我们可以看到,十几年以后,贝德士在面对恐怖的日军南京大屠杀时,明确地表达了与巴顿相同的想法。他在一封信中写道:"我与其他人同样明白无误地知道,整个局势残酷黑暗到极点,在这里很难寻求正义。个人的问题已得到解答。基督徒履行自己的职责,无须担心自己的生命,只是担心自己无力满足巨大的需求。"[2]

什么是中国的巨大需求? 中国是一个半殖民地(semi-colonial,贝德士的工作笔记原文如此)国家,它为独立、国家统一和社会福祉奋斗了一百多年;因此,基督教的教会和学校必须深切关心中国的命运,努力服务,这样才可以得到中国人民的认同。1927 年 2 月,基督教中文杂志《真光》(True Light)发表一篇文章,题目是《基督徒如何适应现代中国?》。作者徐天石的答案是:"基督教徒能够适应当代中国的三个需要——民主精神的发展,民族主义与国际主义的适度提升,增强物质文明进步。"八年以后,另外一位著名基督教作家谢扶雅,发表《当代中国基督徒的使命》一文,甚至宣称:"今日中国基督徒之使命是加速伟大的革命——民族革命、社会革命和精神革命。"[3]

---

[1]　Bates papers, B20, F309.

[2]　Bates of Nanking, p. 5.

[3]　邵玉铭书,页 480、636。

当然并非大多数传教士和中国基督徒，都同意去推动革命，但他们很多人却懂得为什么和怎样去适应中国社会的潮流。在30年代和40年代，几乎所有教会大学都把自己的办学宗旨确定为"为上帝服务和为社会服务"（serve God as well as the society）。毫无疑问，基本的原始动力当然是属于宗教方面，即通过学校为教会发展的需要提供人才和领导人。但是在教会大学相继向教育部注册以后，办学宗旨都有所修订。福建协和大学的新简章写着："福建大学以爱心、服务与奉献的精神，为中国青年提供大学水准的教育。"之江大学与齐鲁大学借用了这种文字陈述，而又增加了道德养成与知识训练的规定，"以适应社会需要"（meeting the needs of society）。其他教会大学也做了类似的修订，但仍坚持基督教目标的有关规定。例如：金陵女子文理学院规定，必须符合高度的教育水平，增进社会公益，强烈的公民意识和提升高尚的品格等。这是遵循创办该校的五个教会董事会的意愿而拟定的。华中大学把自己的宗旨表述为："在基督教爱和奉献的力量基础上，通过高等教育发展才能，希望登临上帝的天国并给人间带来持久和平。"沪江大学的简章在谈及教育效益与公民意识之后，甚至宣称："教育有意识地导向提升宗教目标，遵照学校创建者原意，在中国和美国推展基督福音。"①

对于教会来说，双重目标（dual-ends）真正是一种两难抉择（dilemma）。不仅在中国，而且在世界范围，教会大学的世俗化（secularisation）都是一种无可避免的趋向。基督教的影响削弱了。根据注册规定，宗教课程不再是必修，礼拜自愿参加，宗教活动不

---

① Fenn, ibid. pp. 117-118.

再具有此前曾经有过的效果。此外，由于民族主义的迅速增长和社会危机的加深，整个的教会活动似乎逐渐减少了活力。正如贝德士所叙述的那样："（1）礼拜日未能制度化，甚至对许多基督徒也成为一般的休息日。（2）合作的宗教活动似乎还没有在中国人中间出现。（3）义工参与很少，捐献几乎绝迹，甚至在有能力提供的教区亦然。（4）品学兼优者充任教职者愈来愈少。平信徒领袖（lay leadership）的训练削弱。（5）神学家和神职人员缺乏。（6）学生与青年把教会看作与他们的需要无关。（7）对教会宗派（denomination）信条戒律的极端厌弃。（8）中国人似乎有意把宗教的教育与滋养留给外国传教士去做。而且，许多中国基督徒公开反对外国传教士信奉的近乎神圣的政教分离原则。这些情况在30年代没有很大的变化，而到1937—1945年抗战期间，已有的进展也几乎被破坏无遗。"①

在中国教会大学中也形成强烈的对照，一方面，专业教育、学术水平与社会工作迅速提升；另一方面，校园内的宗教教育与宗教生活则逐渐下降。选读宗教课程与参加课外宗教活动的学生愈来愈少，而到40年代，政治气氛更弥漫于学校各个角落。团契如雨后春笋，但大多已失去原有的宗教性质，甚至连宗教色彩也消失殆尽；愈来愈多的团契介入政治斗争，多数倾向共产党，少数则坚持国民党立场。在一般学生心目中，像贝德士这些传教士教育家，与一般非教徒教授之间没有什么差别。学生都尊重他，那是由于尊重他的学识渊博、诲人不倦，并不感染于他对基督教的无私奉献。而到他在金陵大学的最后几年，贝德士从来也没有对学生谈过宗

---

① *Gleanings*, p. 44A.

教问题,除非是与他担任的历史学课程内容有关。

当然,贝德士自身始终是虔诚的基督徒。1947 年 6 月,他在给儿子的家信中说:"我是一个传教士,受到教会人们的支持,相信基督教事业在中国和其他地区的价值。所以我通常为教会和其他宗教活动投入不少时间和精力,而在某些方面曾收到效果,虽然'精神事物'难以数量计算,实际成就或多或少已超过教会人士的想象。"但是,到 1947 年春天,中国局势已经极端恶化,内战烽火蔓延各地,通货膨胀与物价飞涨已非政府所能控制。贝德士在信中不禁慨叹:"许多中国人和西方人,曾经长期在极其艰苦的环境中保持足够的勇气与希望,现在已陷于无助与失望之中。"①

及至 1949 年 6 月,南京已被解放,贝德士写信给他在美国的老同事芳威廉(William P. Fenn)报告学校的近况。"我们在 4 月底有几天严酷的日子(指南京攻防战——引者)。5 月学校当局乃至领导学校的教授会,在政策和人身两方面都受到群众的猛烈抨击。……现在我们正试图实现今春所策划的各项革新,通过重新改组与调整以适应新政府的观点。"为此,贝德士心甘情愿地每天参加 5 小时、8 小时乃至 10 小时的会议,期望有朝一日重新出现 1927 年以后教会大学与政府取得协调的良好局面。但是,他终于发觉,学校当局的一切努力,很难影响也很难适应新的潮流。特别是学生热爱新政权,纷纷离开学校参加人民解放军与人民政府工作,学校在短期内已无法恢复正常教学工作。他对芳威廉失望地说:"这种状况没有可能在若干时候得到改进,即令金大获得最低限度的自由而往前发展,即令我这个'美帝'(imperialistic

---

① Bates papers,B2,F24.

American)获准去教那些影响青年人对政府、俄国、美国和西欧列强态度的主课,新学年将是我为 UCMS(United Christian Missionary Society)的第三十年,而我将是 53 岁。到这种年龄,我不能蹉跎岁月,应该求得一份真正的工作。……我原本是一个历史教师,教学得心应手(指其学术实力、训练、经验——引者)。在日趋专门化(specialization)的今天,我由于主要是教西方历史而失去优势,因为我在这个领域没有显赫的研究与著作。我的中国和东方的知识,或许可以为学生或其他西方人提供极好的助益,但我也没有已完成的著作足以证明自己现在是第一流学者水准。因此,我只想在美国大学许可下,作出基督徒更大的贡献,而不是历史学的精尖化。”①于是,他终于在 1950 年回国。

　　贝德士和其他许多在教会大学工作的美国教授一样,他们接受现代派的主张,把 serve God 与 serve the society 结合起来,为中国高等教育的发展奉献出一生中最好的时光。贝德士一手创办了金大历史系,为帮助中国青年教师学有专长,他却丢下自己的专长(中国古代史),教遍了那些没有人教的部颁必修课程。他为金大的发展,为保护校产,为救援难民,为教育学生(其中有王绳祖、陈恭禄、牟复礼、吴天威等著名学者),付出了全部精力,甚至经常无从照顾自己的家庭。到了 53 岁才发现自己竟是一个学术上的落伍者,很难在自己祖国的大学里与他人竞争。他们几乎是自觉地顺应潮流,推动了中国教会大学的世俗化。世俗化带来了教学水准、学术品质的提高,密切了大学与社会的关系,为学校发展赢得了社会与政府更多的支持。但是世俗化并未带来更多的基督化

① Bates papers,B4,F56.

（christianize），serve the society 终于逐渐超越 serve God，甚至由手段提升为目的，教会大学显然是自己削弱了自己的特点，这不仅是贝德士个人的悲剧，而且也是所有中国教会大学的悲剧。不过，人们常常只注意到悲剧形成的外部条件，却忽略了教会大学也存在着难以克服的内部矛盾。

三

作为贝德士挚友的芳威廉博士，在中国教会大学任教多年，以后曾担任中国教会大学联合托事部（后改译为董事会）主席。他回到美国以后，也对中国教会大学的历史做过全面反思。

他回忆说："早期由于缺少现代化的高等教育体系，任何新事物都难免是舶来品。新式大学显然是外国输入，严格区别于中国的传统教育。"这些学校的基督教特质更增添强烈的外洋色彩，而基督教在早期历史上又与殖民主义、帝国主义不同程度地连接在一起，因此某些仇恨便移转到教会大学身上。1922 年，贝德士来华不过两年，世界基督教学生同盟（World Student Christian Federation，简称 WSCF）预定 4 月在北京开会，全国基督教会议（National Christian Conference）也预定在 5 月的上海开会，连同那个倒霉的口号"基督征服中国"或"中华归主"（The Christian Occupation of China），成为反基督教运动的愤怒集中点。反教会势力随后即将矛头指向教会学校，特别是教会大学。1924 年 7 月，在南京举行的中华教育协进会的会议期间，有些中国教育家即已严厉批判教会学校制度。同年 10 月，各省教育会全国联合会在开封开会,通过决议抨击外国人办学的恶劣影响,要求所有教会学校立即注册,不准在校园内传教,开宗教课和做礼拜。①

少年中国学会(国家主义派)非常关心中国的教育与文化,也表现出对教会学校的强烈不满,并且较早提出"收回教育主权"的口号。共产党和国民党左派,在1926—1927年期间,也对教会学校抱有敌意。反基督教运动的高峰是1927年的"南京事件",部分国民革命军与许多群众直接攻击教堂和教会大学。在3月24日与25日两天,除金陵女子文理学院外,所有外国人的住宅都遭到洗劫和焚烧,少数教堂受到损坏,圣经教师培训学校(Bible Teachers's Training School)部分焚毁。在8个小时以上的混乱中,有6个外国人被杀死,其中包括金陵大学副校长文怀恩博士。贝德士也被一群乱兵拘捕,双手捆于背后,几乎被胡乱开枪的士兵击毙,幸亏得到红十字会的及时解救才幸免于难。② 不过贝德士的反应非常冷静。他在1927年5月发表于《世界召唤》(*World Call*)的报道中指出:"正努力了解中国人普天同愤的背景,和3月23、24日两天混乱的实况。可能是对某些外国人偏激言论的不完全自觉的对抗的突然爆发,很少能证明这是进城国民革命军事将领的狡诈阴谋。"③贝德士一家与其他外侨被迫撤往国外,但他却是最先获准返校工作的外籍教授。

事隔多年以后,贝德士回顾这段历史,特别强调了基督教本土化问题。他写道:"在基督徒圈子里,'本土教会'(indigenous church,亦有译写'本色教会')的内容与形式问题,引起热烈讨论。

---

① Fenn, ibid. p. 111; *Gleanings*, p. 63.

② Bates of Nanking, p. 4.

③ A Letter to Carl E. Dorris(2/16/1968), Bates papers, B6, F101.

以后的西方学生很难理解20年代探讨这一主题的专注感情。中国基督徒非常敏感于被嘲讽为洋化或国际化(denationalised)。沪江大学刘校长愤慨地说,在这种攻击面前,他的一些教职员都感到羞耻。他本人也感到蒙受羞辱,因为(在校园内)美国国旗长期受到尊崇,而中国国旗则不然;在感恩节中国孩子还得聆听美国总统演说,号召他们为无从共用的另一国繁荣而感恩。"①因此,越来越多的基督徒加强呼吁,建立在中国的教会,必须有中国的内容、形式、领导和风貌。1926年1月,在上海举行的"今日中国教会"会议期间,华中大学校长韦卓民博士说:"我们主张,本土教会自然应以中国成员为主体,以中国人为领导,经费亦须主要来自中国资源。此外,中国风格的建筑,调整赞美诗、仪式、出版和义工组织,而重要甚至本质的是中国传教士团体。"除了这些中国的传教士教育家以外,一群受过良好训练且具有前瞻性的中国基督徒,大多数是年轻人,早在1920年即已出版中文期刊《生命》。这个群体强调,"基督教是世界中心信仰,但它必须适合中国现时的环境,用现代语言来解释它的真理。中国的风俗习惯既不同于两千年以前的犹太,也不同于今天的美国和欧洲……总之,中国人民必须有自己对于基督教的社会解释"②。

贝德士虽然不尽同意这些年轻中国基督徒的某些观点,但是却能深切地理解他们的要求。在他未完成的书稿中有一段摘录:"司徒雷登在名著《在华五十年》中,曾经谈到他对中国教会的希望:'我曾长期希望中国神学将对本国人民和世界,给基督教真理

① *Gleanings*, p. 66.
② *Gleanings*, p. 66.

做一些新的有创造性的解释。中国教会正在通过严酷的考验，必将丰富和深化他们的基督教思想家的宗教经验，我们希望这些将可及早得到理解，正如在被巴比伦人流放（in exile）以后用文字写出的《旧约》深邃的洞察力一样。中国的历史、哲学和她所有的好典籍，关注着人与人之间的关系。出乎如此伟大的传统，在那些年代的严重倾覆中受到挑战与震撼，由于基督教义植根于中国人的思想而使之恢复活力，将为人类重新显耀耶稣基督的意义。"①

我们在贝德士书稿中还可以找到其他类似的摘录，有些则是他自己写的简评：

威廉斯（B. W. Williams）："中国人有充分权利，按照他们自己的观点管理他们的民间和宗教机构，正如我们随我们的意向一样，他们并不很想儒教化（confucianize）我们的国家，至少并不多于我们想基督化他们国家的努力。为什么西方国家不去管好自己的事情，而让中国去做那些他们乐意的工作？为什么外国教会不约束他们霸气十足而不变的要他人'改宗'（proselyte）的愿望？不要干涉，停滞打扰，尊重常识，让中国为中国人而存在。"

对于魏馥兰（F. J. White）《使教会大学更为中国化》（Making the Christian Colleges More Chinese）一文，贝德士评论说："追随着教会大学部分代表（包括传教士和中国人）的讨论，魏馥兰博士对于要使学校中国化的意愿及其实际困难，作了坦率的和建设性的陈述。他的论文似乎受到全体到会代表的赞同。讨论本身就有价值，特别是湘雅医学院的颜福庆的贡献，在十多年时间里雅礼协会

---

① Bates papers, B40, F523.

(Yale-in-China)一直注意让中国人自己管理。"①

对于韦卓民博士的《基督教会植根于中国土壤》(Rooting the Christian Church in Chinese Soil)一文,贝德士的摘录是:"用另外一种文化来解释基督教的教义和组织,重要的事情就是首先必须进入这种文化。……我们尽可能进入中国文化、社会、各种宗教和知识传统的精神,它们长期融入这个文化,看看有没有与基督教对生命的看法气味相投之处,或者在那里可以找到一种不致触犯中国人的中介,用以向中国人介绍基督教的教义和机构。"②

据我看来,基督教本土化是无可避免的历史趋向,一部基督教的历史,也就是它在各地不断本土化的历史。海斯格芮夫(David J. Hesselgrave)在其所编的《活跃的宗教运动——世界各地宗教运动急剧增长的个案研究》一书的结论部分写道:"宗教运动必须具有本土化的世界观和价值观意义,也要采用传统的方式。如果这个运动产生于本土文化内部,它自然企望传播、示范这些观念、价值和方式。如果它是从外介绍进来,它必使之便于本土理解,否则便要费力重新解释才能使之成长。"③

从 20 年代开始,已有许多基督徒与一些教会致力于推进中国基督教和教会大学的本土化。1922 年 5 月,中华全国基督教第一次会议宣告:他们将脱离从西方引进的教派主义(denominationism),中国基督徒应该有自己的基督教。本土化的基督教意味着形成

---

① Bates papers,B42,F548.

② 这是韦卓民作为享利·鲁斯世界基督教客座教授,1945 年在纽约协和神学院所做的著名讲演,韦是当时的华中大学校长。Bates papers,B34,F474.

③ David J. Hesselgrave ed. , *Dynamic Religious Movement-Case Studies of Rapidly Growing Religious Movements Around the World*,Michigan,1978,p. 304.

中国的本色神学（indigenised theology），自治、自传、自养（self-government, self-propaganda, self-support）。1924 年 8 月，中华教育协进会第四次年会建议当前中国教育应着眼于培养爱国公民。会议认为宗教即令不是有害的，也是浪费学生时间；某些激进代表甚至主张从会议中驱逐教会学校代表，尽管这一建议没有得到采纳。① 这种情况又从外部推动了教会和教会大学的本土化。

更为强力的挑战来自政府的注册规则。1925 年教育部规定外国人开办的学校，必须按四个条件向政府注册：（1）由中国人任校长；（2）中国人在董事会占半数以上；（3）学校不得以宗教宣传为目的；（4）按部颁课程标准开课，宗教课不得列为必修。② 此后，燕京首先循章登记，接着是齐鲁、沪江、岭南。1927 年南京国民政府教育部督促更紧，对本土化的要求也更高。多数教会大学持合作态度，接受了改组的要求，选举中国人为校长，并迅速建立中国人占多数的董事会。由于大势所趋，来自本国（指英、美等）董事会的对于这一急剧变革的阻力很小，顶多是稍微推迟同意的回复，或附加一句话："为学校基督教性质提供保障。"③注册以后，教会大学与政府之间建立了比较良性的互动关系，教会大学在此后十年间获得长足进步，并且为社会作出重要贡献。但也无可讳言，此后教会大学的民族特性明显增长，而宗教质素日益削弱。

政治因素是很重要的原因。在近代中国，独立、统一、富强是压倒一切的历史任务。中国人民，甚至一些中国基督徒，大多宁愿利用政治、经济手段而不是宗教，去实现上述神圣而又现实的目

---

① *Gleanings*, p. 65.

② Fenn, ibid. p. 115.

③ Fenn, ibid. p. 116.

标。加以南京政府的极权主义（totalitarism），国民党在意识形态方向推行一元化，他们不能容忍任何真正独立的教会学校，虽然他们的最高领袖蒋介石及其妻子都是基督徒。芳威廉回忆说："国民党密切注意学生和教师，鼓励学生参加党的青年团体，并施压促使教师入党，但只有极少数人如此做。"①

一系列政治活动涌进教会大学美丽的校园。例如星期一必须举行总理纪念周仪式，包括背诵总理遗嘱、在遗像和党国旗前三鞠躬、唱国歌、短时静默等。三民主义代替宗教成为必修课。训导长管理学生，他的职责就是指导而又防止越轨（deviation）。军训在1928年成为必修，教官由学校任命而必须经过政府批准。军训教官还管理学生的宿舍生活。更为严重和根本性的伤害是企图控制思想，其结果是在各校教职员中安插党的代表，甚至在课堂中派遣特务。这反而使教员和学生疏离国民党，不愿就政治问题或其他有争论的问题作公开讨论。

不过教会大学的态度，一向来说尚能忍耐与合作。芳威廉回忆说："学校当局遵从部颁课程设置，按公立与私立学校同等待遇，既受官僚机构控制之苦，也偶尔得到政府某些资助。"贝德士同意这一看法，并从乐灵生（Dr. Rowlinso）《基督教在中国落户》（Christianity Settles Down in China）这篇论文中摘录一段："基督教尽量在新的合法基础上落户于中国，不再被视为外洋事物，并将进入与华人之间的新而自由的关系。这是教会与政府现今关系的极为重要局面。这一变革完成以后，将使基督教合法本土化（legally indigenous）。问题是这种落户既不容易又花时间。但基督教在中

---

①　Fenn, ibid. pp. 119-120.

国毕竟从依附不平等条约转向中国给的合法权利。……过去不平等条约以治外法权强迫中国政府给予教会权利，因此这些权利不是出于中国自由意志（free will），并且从未引起中国的善意（good will）反应。既得权利试图把西方主角所理解的宗教自由，凭借不平等条约的特权移植于中国。虽然中国人不知道宗教宽容（religious toleration），也未处理好与基督教的关系，但基督教的领导宣传者的洋人形象也是一个原因。正是洋人攫取不平等条约的特权，才形成现今的困扰。"乐灵生还认为，早期重视不平等条约特权的主要是外国差会而不是来华传教士。他说："传教士通常没有依靠帝国主义的影响去谋求自己的权利，是他们的非营利的机构与贡献所自然获取。不过传教士也有他们那一代人的某些错误观念，一种新的对待权利的基督徒态度显然已经产生。出现了要求把基督教的权利，从不平等条约对中国的强制转移到合法基础之上的运动。现今基督徒生活于斯的中国环境，已经明显不同于当年缔结造成种种不快的不平等条约时的中国。外国差会依然与我们在一起，但他们不再是基督教服务的主要驱动力。中国人现在是处于领导的地位的推动者。教会学校、医药工作、全国性组织，在某种程度上乃至教会本身，现今都转移到中国基督徒的推动力量（Chinese-Christian motive power）之下。基督教教育工作者、医务工作者、教会与中国公私机构之间常常是全国范围的友好合作，已是显而易见。基督教不再为自己在华工作权利而奋斗，中国人民自己寻求它的帮助。中国宪法已经规定了宗教自由权利。基督徒现今的问题是如何适当地利用自己的权利与机会。"①

---

① Chinese Recorder, Vol. LXVⅢ,1937 September,pp. 542-543.

大多数教会大学都懂得如何适当地利用自己的权利与机会。比较成功的范例有金陵、岭南和燕京,在政府的资助与支持下发展农科教育并推广农业革新。由于蒋介石夫妇是基督徒,他们便寻求教会和教会大学合作推进全社会的新生活运动。抗战爆发以后,教会大学进入所谓流亡时期(the refugee period)。多数学校迁往西南,在这些岁月中与整个民族一起承受了战时的困苦与艰险。芳威廉曾简略记录这段往事:"两千里难以置信的艰苦跋涉,经过湍急河流,越过高山峻岭,坐船、乘车乃至步行,需要非比寻常的决心与勇气。急速移动,缺少给养,更谈不上营养,持续不断的危险考验着信仰与耐力。他们幸存的事实便是对他们学校精神的诠释。"①

教会和教会大学分担了中国的苦难,参与了维护民族生存的斗争,也投入了推动社会进步的工作。贝德士也回忆说:"基督教的作用在战时变得重要起来,作为外国帝国主义被反对的情绪平息了。1943 年不平等条约的废除和基督徒担任援救任务受到注意,特别是帮助伤兵和数量极大的难民。因此,中国的基督徒和传教士,有理由期望战后新的基督教工作热潮,而现在的内部条件如此有利。唯一的危险则是过分认同这个蒋介石领导下的国家与政府,但这种认同与合作此后仍旧可以看到。"②

经过抗日战争,很少有人再把教会大学看作外国人的学校。绝大多数教会大学已实现本土化,而且已在实际上认同于中国高等教育的一部分。但为此而付出的代价也是很大的。校园内充满

---

① Fenn,ibid. pp. 119-120.
② *Gleanings*,p. 93.

了政治气氛。中国往何处去？这是左翼与右翼学生争论的热点，而多数中立的学生也逐渐向左翼靠拢。反美情绪激增，因为美国支持蒋介石腐败的国民政府。贝德士在书稿中写道："战后政府提出的一系列革新措施很少付诸实现。政府本身受到很大削弱，只能勉强维持而很难有所作为。公众对政府失去信心，这种心态也蔓延到各级官员。反美情绪加深，由于人们认为美国阻碍着共产党推翻国民党腐败政府，对共产党作战，由于他们终究也是中国人，无法激起如同抗日那样的爱国热忱。学生深受物价高涨之苦，以致他们认为即令是共产党统治也不会比现在更糟。有些美国人仍然坚信蒋介石统治的民主性质，因为他受到各阶层人民的共同支持；对于他们来说，他是他们不惜任何代价抵抗侵略者的精神象征。这些，忽视了政治组织与军队力量等重要问题。费正清（John King Fairbank）在 1947 年已经注意到，蒋介石的《中国之命运》附有经济部分，包括十年工业计划，强调各项工程、技术的发展，而忽视农业发展，也不够关心占 3/4 人口的落后农民。最后，蒋介石防止共产党渗透的措施，也被认为是高压与侵犯人权。①

贝德士毫不讳言自己也逐渐丧失信心。他写信对远在美国的儿子说："我自己的信念，或许说是气质，也受 1927 年（指'南京事件'——引者），加上 1937 年（指日军在南京大屠杀——引者）及其以后丰富经验的支撑，倾向顽强地顶住眼前的困难与干扰。但未来几年可能很难继续做什么事情，或显然在他处比在这里更可有所作为。假若我继续留在这里，立刻就产生为什么的问题，还有努力可以实现多大贡献。天知道金陵大学和中国教育通常需要尽

---

① *Gleanings*，p. 94.

多么大的力量去提升道德、水准和计划,而这些年问题似乎特别严重。我不认为自己可以长期做好行政工作,甚至是在有美国背景的中国学校被称之为边缘性的那一类(marginal kind)。此刻我刚被选为本校'西方顾问',负责协调西方关系,在美国则被视为'副校长',这是应董事会与陈裕光校长的要求而事先又未与我商量。我不认为我能胜任此项工作,虽然有些事还得美国人来做,而在经验与对外联络两方面眼前也没有其他美国人比我更强,我只想固定在教学岗位,不需要如此繁重的新工作。"[1]为此,他终于离开金大,离开中国,前往纽约协和神学院担任专职教授,潜心于教学与研究。

从 20 年代中期以来,教会和教会大学的本土化是有成绩的,其中也包括许多外国传教士的努力,但这种本土化的最终结局却绝非如他们所愿。孟心恬(Cynthia Mclean),《贝德士手稿摘要》的编者之一,曾经如此写道:"中国'三自'教会的发展,曾是 19 世纪中期以来许多传教士的理念与目标,当时这个药方是由文亨利(Henry Venn)在英国和鲁费斯·安德逊(Rufus Anderson)在美国同时设计的。推动自养、自治、自传教会,让基督精神渗透于周围社区,成为海外布道运动的斗争目标,使其人格区别于商人来华谋利,军人来华征服,外交家来华一切行动基于本国利益。贝德士并以思想家身份出现于他的文献,但事实上他同情中国人的大多数,带着追求好政府的孤注一掷的希望转向共产主义。不过他毕竟是一个坚定的教会人士和基督教事业的维护者,虽然这些事业有许多明显的错误与弱点,他觉得已经给中国带来某种具有伟大价

值的事物。这种价值超越（但包含）于基督徒创办的学校、医院、社会服务等所提供的物质福祉。……然而贝德士博士给我们一个印象，即许多传教士保留他们关于教会性质的西方观念，尽管它与中国之现实差别甚大。虽然中国人非常反对教派主义（denominationalism）、信条、神学、什一税和薪给神职人员，以及绝对的政教分离，而许多外国传教士对此视若无睹。他们深信，当中国教会'成熟'时，他们将会认识这些教会'精华'事物的价值。这些传教士在他们的'领地'中，与少数中国教徒在一起，可以看到对他们的观念不满的批评的增强，而这种批评甚至来自中国基督徒的领导人。作为一个群体，这些传教士从未认识到他们是在中国，由于这里不同的历史和文化，教会应该采用与他们在国内所已知者不同的形式。"①

　　贝德士和许多现代派传教士教育家一样，认识到并顺应了本土化这一潮流，并且为现代中国社会做了大量有益的工作。但是他未曾预料，在缺少基督教历史文化传统的中国，本土化不可避免地带来世俗化乃至政治化。而中国的政治化又常常导向意识形态的一元化，其本质就是排斥跨文化的高等教育，特别是它的多元化（pluralism）。所以，基督教与教会大学在中国常常面临官方意识形态的挑战，1949年以前主要来自国民党政府的三民主义，而1949年以后则完全来自共产党政府的马列主义。正是这种意识形态的挑战，导致了教会大学始料未及的结局。

　　不过由于长期生活、工作于中国，有一大批外国传教士本身倒确实不同程度地本土化了。他们正如司徒雷登所说的那样："在我

---

① *Gleanings*, pp. 43a-46a.

大半生中,中国就是我的家。我被难以解脱的情结与这个伟大的国家与人民联结在一起,不仅因为我在这里出生,而且因为我长期生活在这里,并且有数不清的朋友。"①贝德士与他的教会同事们回到美国以后,很长一段期间仍然以"我们中国人"(We Chinese)或"我们南京人"(We Nankinese)自称。好像他们早已认同于中国社会,而他们与美国社会的相互认同还需要相当多的岁月(其中包含许多使外人难以理解的辛酸)。1960 年,在离开中国十年以后,贝德士发表《不能无视中国》一文,他说:"应该做什么? 应该把我们的心灵适度地从想象转到现实。与朋友和中立者不断协商,寻找方法逐渐打开门户与中国建立'正常'关系,经常与中国人沟通、调适,以缓和东方和南亚的持续紧张。道德的僵化与排外性只能延续与增强现在的灾难。……"②又过了十年,即 1971 年,他在另一篇文章中写道:"我们不要自己吓自己。问题是别的国家应当与中国交往,不管她是'坏'还是'好'。从长远眼光来看,接触总是胜于敌对的疏远。"③

　　贝德士总算幸运地看到了中美邦交的正常化,看到十年"文革"的终结,但却未能重新回到他魂萦梦绕近三十年的第二故乡。1988 年,在他逝世十年以后,我在贝德士文献中发现几张照片,那是 1947 年秋天他与我们十几个历史系学生在玄武湖畔的合影。我想,他始终没有忘记他曾为之整整工作三十年的金陵大学。他的未完成的书稿的清理者,曾经提出一个疑问:从 20 年代到 40 年代,贝德士是许多重大事件的参与者或目击者,为什么书稿对这些

---

① 　John Leighton, *Fifty Years in China*, New York, 1954, p. 9.

② 　*Christianity and Crisis*, Vol. XX, No. 18, 10, 10/31/1960.

③ 　Ibid. , Vol. XXXⅠ, No. 14.

事件的叙述却不见贝德士的名字? 其实,这也很好理解,因为在贝德士自己看来,他已经将整个生命溶入这些事件,而其中最重要的便是金陵大学的历史。

四

关于中国教会大学故事的结局,贝德士在书稿中只有寥寥数语的概括,似乎打算永远保持沉默。

但他的老朋友兼老同事芳威廉,却以坦率而充满感情的语言加以描述。他说:"在 20 世纪上半叶画下句号时,中国教会大学可以充满骄傲回顾既往,也可以怀着足够的自信看待现实,但是却未必有对于未来的希望。""建筑和设备仍然留存,教师可能在新的学校任职,但教会大学从此消逝。""结局是悲剧性的,但故事本身并非悲剧……中国教会大学这个名字,将被视为大西洋两岸基督徒对太平洋东岸伟大人民的辉煌贡献而永远铭记。"①

结局确实带悲剧性。

中国教会大学在 20 世纪前 50 年曾经努力耕耘,硕果累累。与非洲的教会学校相比较,它处于更高的教育层次。与印度的教会大学比较,它量虽少而质更优。与日本的教会大学相比较,它对公立大学具有更多的竞争力,因为它在好些学科领域早已占有优势。但是,中国教会大学的命运却是全世界最坏的。因为,在别的有些地区,尽管境遇也逐渐恶化,但教会学校毕竟依然存在,依然

---

① Fenn, ibid. p. 232.

缓慢地发展,它们还有未来。可是,在中国大陆,教会大学则永远绝迹。

从 20 世纪 20 年代末开始,中国教会大学不再保持多少排外性,甚至在一定程度上趋向多元化,而且经常倾向于与政府适度合作。1949 年新中国诞生以后,教会大学的外籍教师继续留在学校。中国教职员和学生大多数欢迎共产党,希望新政府会给学校带来新的活力。教会大学希望与人民政府合作,正如他们在此以前曾与国民党政府合作一样。他们愿意继续为中国社会服务,企望与共产党的"为人民服务(serve the people)"沟通。尽管他们努力顺应新的环境与新的政府,但他们的愿望终于化为泡影。也许朝鲜战争加速了教会大学的终结,但即令没有朝鲜战争,教会大学与新政府文教政策之间的冲突也无可避免,而冲突的结局绝不会有什么两样。

但是故事的本身并非悲剧。

基要派也许会认为教会大学是咎由自取,但教会大学的贡献却无可磨灭。胡适在司徒雷登回忆录的序言中早已对教育家传教士作出极高的评价,称之为"给中国带来逐渐的觉醒"[1]。而更早些时的国立东南大学校长郭秉文,曾写信给中华全国教育协进会,认为"从全国范围来评论,有些教会大学已处于中国最好与最有效率的大学之列。而且,由于他们兴办得较早,所以它们就有更大的影响与更多的优势"[2]。

---

① *Fifty Years in China*, pp. 12-13.
② Bates paper, B20, F312.

　　在贝德士文献中，我还发现他保存的一份佚名学者①对于中国教会大学的评估（标题即为"评估"，Assessments）。作者指出："（教会大学）校友大多似乎在政府系统而非党务系统任职。那些小有名气和运气好的人，则在教会大学较有优势的行业工作，如医务、农业、新闻等等。据报告，1947年北京大学农学院的教师有一半以上毕业于金大农学院，而金大校友还主控着许多其他农业机构与学校，如农林部和各省农林厅等。其次，教会大学毕业生在医学教育中也非常显耀，包括中华医学会与卫生部。燕京大学新闻系的毕业生，在需要英语和新闻专业两方面才能的岗位上占尽优势，所以他们常能担任中国国际新闻处和西方报纸的要职。据说燕京的新闻专业训练、介绍并推广了西方报纸的一些方法：连载小说、新闻图片、新闻提要等等。由于教会大学率先从事女子高等教育，政府和其他机构因此注意延揽教会女子大学的校长和校友，作为他们所需要的女性代表……教会大学毕业生也常担任需要熟谙外语的外交职务。例如'二战'以后他们在联合国中国工作人员中即占有很大比重。甚至在中华人民共和国的头十年，也得仰仗教会大学校友担任某些重要职务，如英文杂志《中国建设》的编辑部和常任撰稿人等。吴贻芳和其他教会大学、YWCA（女青年会）的有关头面人物，成为全国人大、政协及其他许多团体、委员会的著名妇女代表。"但作者坦率承认，用跟踪校友调查的办法，很难反映教会大学的全部贡献，因为多数名气较小或默默无闻而也勤奋工作的校友，甚至根本没有文字记载。② 所以，我们仍然不得不借

---

① 这位学者现已可确认为美国著名中国教会大学史专家鲁珍晞（Jessie Lutz）教授，她和我都曾受教于贝德士，可说是一种缘分。

② Bates papers, B20, F312.

重极为熟悉情况的芳威廉的评估:"教会大学对中国的贡献,是培养了一大批有良好训练且在社会各层面有很大影响的男性和女性,而这正是国家最需要他们的时候。""中国教会大学的重要贡献还在于增进国家之间相互了解与友谊。通过学校提供的语言、知识、价值和外国教职员,引进了西方好的东西。同时也通过他们,中国的知识被翻译和示范而介绍到西方。他们担任精神的和文化的使节,协助向东方解释西方,向西方解释东方,虽然受到帝国主义牵连与外洋性格的妨碍。作为西方文化的介绍者,他们参与了中国文化、社会和政府的大革命。"①

贝德士在其逝世前三个月,即 1978 年 6 月 30 日,曾写了最后一篇评论文稿《作长远考量》(It's the Long Pull that Counts),仿佛是他最后的遗言。其中有一段话:"在金大教过三十年历史,经历过国民革命、抗日战争和中共统治,我很自然地密切追踪中国此后的变化,而这又得益于 NCC(贝德士所属的教会)中国委员会②与哥伦比亚大学一系列学者研讨会(faculty seminars)的帮助。我们现今的首要关心(prime concerns)与长远考量应当是:第一,占世界人口四分之一的中国人民的幸福;第二,近十亿人民与其他国家人民之间的关系,特别是我们厕身其间并承担直接责任的北美人民。……由博爱主义的'第一关心'出发,我们基督徒应该抱着坚定不移的信念深切投入,超越所有意识形态与制度的差别。中国

---

① Fenn,ibid. p. 236.

② 全称是 The china committee of the National Council of Churches,贝德士是这个委员会的重要成员,经常参加该会举办的各种学术活动。贝德士也经常参加哥伦比亚大学东亚研究中心举办的各种有关中国的研讨会,他与该校著名中国史学者韦慕庭教授是终身挚友。

的男人、女人、儿童和我们都属于一个上帝的家庭。……我们必须决心真诚地理解中国，与中国人民建立稳固的关系。不管会发生任何震撼，任何北京或华盛顿甚或我们自身资讯方面的谬误，这件事对于美国和中国的掌权者都是太重要了，虽然他们有些人或许想把高尚的两国关系'正常化'变成反俄武器。"①这是一篇未完成的文稿，正如那部《基督徒在华六十年》未完成的书稿一样。可以看出，贝德士仍然抱持着他的梦。如果此梦成真，教会和教会大学在中国的数十年努力，便不再会是西西弗的故事（Sisyphus story）。②但贝德士已经无法讲述这个虚构故事的结尾，因为他和他所献身的教会大学一同永远离开了中国。

---

① Bates papers，B87，F681. 这是另有两页打字纸的简短文稿，显然是没有写完的草稿，可能打算寄给他平常较喜爱的 *Christianity and Crisis* 等杂志，但由于健康原因未能如愿。

② Sisyphus story 是希腊神话中的一个故事：科林斯王在阴间受罚服苦役，把巨石推上山，巨石会自动滚下，他需要继续把巨石推上山，周而复始，永不停歇。

"南京帮"的故事：

传教士在中西文化交流中的角色

  传教士在中西文化交流中的角色"南京帮"（Nanking Gang）是20世纪20年代至40年代南京一个美国传教士群体的自称。他们大多在金陵大学、金陵女子文理学院及其他相关机构服务多年，把一生最宝贵的年华奉献给中国现代高等教育事业，直至1950年前后才最终离开中国。

  "南京帮"的重要成员之一华群，临终前曾说过："如果能再生一次，还是要为中国人服务，中国是我的家。"无论在中国还是在美国，"南京帮"的故事都将永远流传。

一、"南京帮"的由来

  "南京帮"一词最早见于1942年11月24日金陵大学农艺学教授林查理（C. H. Riggs）的夫人给已经返

回美国的密尔士(W. P. Mills)牧师夫人的一封信。当时金大已西迁成都,太平洋战争爆发以后,美国教职员入川者渐多。这些随校西迁的美国教职员或则感慨于"我们丢失了南京",或则伤情于"离开古老的金陵如此遥远"。所以林夫人的信上说:"几天以前,章文新(F. P. Jones)夫人和我邀请'南京帮'茶叙……这是一次愉快的联欢会,没有人谈论高昂的生活费用,我们主要是生活于过去相互伴依之中。"①章文新是金大哲学教育系教授,夫人亦在金大工作。参加这些经常聚会的,还有在金大校长室工作的史迈士(L. S. C. Smythe,金大社会学系主任)夫人等金大和金女大知名教授的夫人。前些年曾任美国驻华大使的芮效俭的母亲(Mrs. Rowe)也是茶会的常客。她的几个子女都是在流动的金大校园中长大。她在一封信中把此类聚会称之为"南京茶会"(Nanking tea party),并且认为这个小圈子是"未经组织的合作社会的乐队"。②她们彼此以"南京朋友"(Nanking friends)相称,经常思念南京,都感到南京的凝聚力不寻常。

"南京帮"有自己的历史渊源。

据密尔士牧师的记述,最早进入南京的新教传教士是内地会的约翰·邓坎(George Duncan),他于太平天国失败后的第三年(1867)来到尚未从战火损坏中完全恢复过来的南京,前后从事艰苦的宣教工作达5年之久。③

---

① 耶鲁神学院图书馆藏档(以下简称"耶鲁藏档"):RG20,B6,F121。

② 耶鲁藏档:RG20,B6,F121。芮效俭的父亲芮陶庵(Andrew T. Roy)亦在金陵大学任教,他的三个儿子都曾住在金大校园,效俭行三,他的两个哥哥都曾在1979年与我重晤。

③ W. P. Mills, "Early Days in Nanking," 此文收于 The Story of 80 Years of Protestant Missions in Nanking, China, 1867 – 1947(未刊稿)。

　　早期南京美国侨民的情况缺乏比较全面翔实的记述。不过在史德蔚藏档中可以看到一份抄录于抗战前的南京外侨公墓的碑石文字,碑石编号已达108,但可辨认并记录的仅81人。其中有职业说明者大多为传教士,亦有商人,以及两者的子女。这些死者高龄甚少,大多病故于英年乃至童稚,而且死因又多为肺结核、伤寒之类传染病,说明当年医疗卫生条件很差。

　　作为本文所研究的"南京帮"的先驱,是金大和金女大(包括其前身)最早的一批外籍教职员。如汇文书院首任院长福开森(J. C. Feguson)、宏育书院院长美在中(F. E. Meigs)、金大首任校长包文(A. J. Bowen)、副校长文怀恩(J. E. Williams)、农业专业的创始者裴义理(Joseph Bailie)等;金女大首任校长德本康(Mrs. Lawrence Thurston)、化学教授蔡路德(Ruth M. Cheser)、生物学教授黎富恩(Cora Reeves)、宗教学教授芮柏格(Miss rivenberg)、心理学教授布特勒(Alice Butler)等。文怀恩和他的幼女丽莲(Lilian)都安葬在南京外侨公墓,安葬于此处的还有金大校牧戴籁三夫妇(Mr. & Mrs. Twinem)、汇文书院第二任院长师图尔的幼子亚瑟(Arthur)、福开森的幼女爱丽丝(Alice)以及包文的3岁小女儿。

　　本文所探讨的"南京帮",大多是在1920年代来华,作为其背景的是欧战以后北美学生海外布道运动的蓬勃兴起。人们习惯于把新一代的来华布道者称之为传教士教育家(missionary educator)。与早期的许多西方传教士有所不同,他们虽然也具有出身于基督教家庭、学校的背景,也有不逊色于先驱者的献身精神,但大多在来华以前已经受过高等以上的良好教育,具有某种专业特长,基本上属于学者型传教士群体。

　　仅以曾在南京沦陷期间留守校园的数人为例:

华群(Minnie Vautrin),1886年生于伊里诺州司考尔。1912年毕业于伊里诺大学教育系,并被基督会派往中国。起先在安徽庐州三育女中任校长,1916年应聘任金女大教育系主任兼教务主任。1940年因病返美,次年逝世。

贝德士(Miner Searle Bates),1897年生于俄亥俄州纽华克。父亲是一位牧师,曾任哈莱姆学院院长。贝德士1916年即毕业于该院,并获罗兹奖学金前往牛津大学深造,1920年获硕士学位。同年经基督会派往中国,在金大历史系任教,直至1950年返美。1978年病逝于纽约。

史德蔚(Albert N. Steward),1897年生于加州。1921年毕业于俄勒冈农学院,并被美以美会派往中国,在金大植物系任教,直至1950年返美。1959年病故于俄勒冈。

麦卡伦(Janes Henry McCallum),1893年生于华盛顿州奥林匹亚。1917年毕业于俄勒冈大学,1921年在耶鲁神学院获学士学位,并被基督会派往中国,在安徽、江西各地从事布道与社区工作。抗战爆发后,他曾作为金大医院和难民救济工作的管理人员留在南京。1946—1951年作为差会秘书在南京从事教会重建工作。

威尔逊(Robert O. Wilson),1906年生于南京,父亲是美以美会传教士。他毕业于普林斯顿大学,1926年在哈佛医学院获博士学位。1936年应聘到金大医院工作,抗战爆发后留在南京从事难以置信的繁重的救死扶伤工作。

史迈士(Lewis S. C. Smythe),1934年在芝加哥大学获社会学博士学位,并被基督会派往中国,一直在金大社会学系任教。南京沦陷期间,他作为安全区国际委员会的秘书,以过人的干练与饱满的精力出色地完成各项难民救援工作。

费吴生(George A. Fitch),1883 年生于中国苏州一个长老会传教士家庭。1906 年在渥斯特学院获学士学位,随后进入纽约协和神学院。1906 年受任牧师并返回中国,在上海青年会工作。南京大屠杀期间,他作为南京青年会总干事,出任安全区主任,为救援难民作出卓越贡献。

密尔士(Wilson Plumer Mills),1883 年生于南卡罗来纳州。1910 年在牛津大学获学士学位,两年后在哥伦比亚神学院获神学学士。1912—1931 年在中国青年会工作,1933—1949 年服务于南京长老会海外布道托事部。南京沦陷期间曾任安全区国际委员会主席。

马吉(John G. Magee),1884 年 10 月生于宾州。1906 年毕业于耶鲁大学,1911 年在麻省康桥圣公会神学院获硕士学位并被派往中国。南京沦陷期间,他担任国际红十字会分会主席和安全区国际委员会委员,努力从事难民救援工作,并曾拍摄有关日军暴行的 12 卷影片,成为南京大屠杀一案的铁证。

对于这一代美国传教士来说,是南京为他们最先提供稳定而又优裕的职业,甚至为他们提供成家立业生儿育女的环境;而这个城市绵长的历史和旖旎的景色,也深深地吸引了他们。秦淮夜月,玄武春晓,乃至雨花台的采石,栖霞山的红叶,都已经融入他们永恒的记忆,与他们的整个人生相伴相随。

二、峥嵘岁月稠

20 年代初的南京,并非十分繁华。史德蔚夫妇曾经追述他们在 1921 年刚到南京的印象:"南京实际上是散布于美丽的郊区环绕的一群集镇。大量农田与若干山林也包容在长达 20 英里的城墙之内。市区大约有 35 万居民,其中外国人不到 1500。""我们在 9 月 16 日下午到达,我们从城外下关火车站到金大所在的鼓楼区,大约有 5 英里路。农艺学家祁家治(G. E. Ritchey)到火车站接我们,并且安排车辆(马车——引者)把我们和行李送到金大校长包文家中,我们将在这里借住最初两周。"①当时金大教工宿舍似乎不大宽裕,所以史德蔚全家只有住在校长家里。比史德蔚早一年到校的贝德士,则是借住在社会学家谢伟师(Maude T. Sarvis,文理科教务长)家中达三年之久,直到这个年轻教师结婚迁至新居。谢伟师回忆当时的窘迫情况:"我们必须为他腾出两间房,一间住人,一间装书。及至他所有的书在我们南京寓所三楼的小房间拆包后,就连他日常需要的起码设备也无处安放。可以肯定,他是那时在南京的外国人中私人藏书最多的一位。"②不过当时南京物价不高,用一位名为布兰克(Blank)的传教士的话来说:"每月只要花 55 美元,就可以像王公贵族那样生活。"③所以史德蔚、贝德士等搬到自己的新家以后,日子过得都很舒坦。

语言是中西文化交流的钥匙。"南京帮"在南京的最初岁月是从华言科开始的。华言科亦称传教士培训中心,是金陵大学专为外籍教职员学习汉语与文化创办的,其宗旨是:"为西教士学习汉语及培植对于中国文化及国人正当之了解与态度。"④贝德士

① 耶鲁藏档:RG20,B8,F173。
② Maude T. Sarvis, "Bates of Nanking," 原刊载于 *The International Committee of YMCA*,1942。
③ 耶鲁藏档:RG8,F103。
④ 包文:《金陵大学之近况》,《教育季刊》,民国十四年第 1 卷,第 4 期。

1920 年来金大任教便立即进入该科,他与在金女大任教的加拿大姑娘丽莉亚·罗宾斯就是在这所学校相识相爱的。贝德士花了整整三年业余时间读完中文课程,1923 年华言科卒业之日,就是他与丽莉亚结婚之时。

贝德士在华言科的同班同学,金大教员查麦斐德的夫人(Anna Moffet Jarvis),在 1920 年 10 月 15 日的家信中曾经写道:"每天早晨 8 点半到教堂。今天金大校长和我们谈话。你看,华言科原来是大学的一个系。然后(华言科)主任基恩(Keen)把我叫起来,介绍给其他学生(来自何处? 正在做什么? 将任何职?)。学员中只有 4 个男单身,但女单身有 49 个——美以美会、长老会、耶稣复临派、圣公会和其他宗派:传道人、护士、教员、农学家、办公室秘书、会计和行政管理人员,甚至偶尔也有个别商人。传教士知道如何学习。课堂教学全用中文,直接教学法(如你、我、他)。"① 据说当时学员有 100 余人之多。中文老师为这些西方学生取了一些典雅而又辉煌的名字,除贝德士、史德蔚、麦斐德外,还有史迈士、唐美森、芮陶庵、董远观、贺肇基、安德胜、丁爱义、司乐堪、卜士瑞、吴惠津、梅赞文、章文新、谈和敦、顾德斯等等。这些命名标志着他们在不同程度上融入中国文化的开始。

作为中西兼通的历史学家,贝德士学习中文的勤奋自不待言。在金大历史系学生中流传着一个故事:有位学长交英文写的作业,由于粗疏被退回来并要求用中文重写一篇,结果送上去后又挨贝德士的批评:"我真没料到你的中文比英文更差!"但学习中文更为勤奋且富创造性的却是史德蔚。我们在史德蔚文献中可以看到

---

① 耶鲁藏档:RG8,F103。

他精心制作的汉语发音对照表①,虽不一定都准确,但却花了大量
心血。例如:

汉字	Giles 罗马拼音	南京口音	国语拼音
银	yin	ying	in
杏	hsing	shing	sin
白	pai	pe	pë
瑞	jui	shuì	suëì
蛇	shê	shay	se
仰	yang	liang	lian
悬	Hsüan	shüen	syen

　　他们在南京居住愈久,对南京的了解与感情也就愈深。由外
侨南京妇女俱乐部文学部编辑出版的《南京简介》(*Sketch of
Nanking*,1923 年初版,1933 年增订版),热心地向海外介绍南京的
历史、名胜和有关游览资讯。撰稿人大多是金大、金女大教授及其
夫人或其他亲属,如南京历史由唐美森夫人(我的英语老师)撰
写,历史名胜由谢伟师夫人撰写,南京寺庙由芮陶庵夫人撰写,南
京掌故由白来敦女士撰写;而出版赞助人则有梅赞奇夫人(即文学
部主席)、伊里克夫人、刘恩兰小姐、德本康夫人、江夫人(南京汇
文女中)等。此书封面印有中文题词"开门见山",而扉页便是背
依巍峨钟山的古老城墙逶迤绵延的照片。前言深情地说:"此书尽
管有许多不足之处,但出版者希望读者能对这座城市增进理解与
加深兴趣,并促使某些人追寻更多南京古老往昔辉煌的遗迹,我们
深信她将再现这种辉煌。"②这些美国侨民虽然始终未能融入南京
主流社会,但他们却从内心力求认同于南京市民。他们把南京称

---

① 耶鲁藏档:RG20,B10,F240。
② 耶鲁藏档:RG20,B10,F221。

为"世界上最美的城市之一",把金大和金女大称为"建立在京城的大学",贝德士很早就自称"南京的老市民"。他们努力模仿南京市民的方式生活。例如有年暑假史德蔚夫人在本宅举行南京牧师师母茶话会,通知说:"祈师母拨冗驾临,并带剪刀、针线、顶针等件",很像一般街道中国妇女聚会。

当然,作为传教士教育家,他们的主要工作还是教学与研究。无可否认,南京这两所教会大学的发展与完善,都渗透着他们的勤劳与智慧。

金大的王牌专业是农学,而农学院就是美籍数学教授裴义理(Joseph Bailie)一手创办的。裴义理 1860 年出生于爱尔兰贫苦农民家庭,长大后在美国专攻神学并入美籍。1890 年来华,供职于苏州长老会。1910 年应聘到金大任数学教授。他目睹 1913 年张勋辫子军在南京的屠杀劫掠,也看到长江大水后的哀鸿遍野,因此发起农会以工代赈,并且在 1914 年创办农林科,希望能从根本上改进中国农业问题。[①] 1916 年春,紫金山麓野火蔓延,林木焚毁甚多,加以邻近居民又滥施采伐,他感到非常痛心。正好清明节那天他出差到上海,看见沿途扫墓人多有植树于坟地,便建议当时的农商总长张謇定清明日为全国植树节。[②]

农林科发展很快,1930 年扩大成为农学院。在裴义理、芮思娄(J. H. Reisnier)、史德蔚、卜凯(J. L. Buck)、安德胜(W. A. Anderson)、林查理(C. H. Riggs)、韩森(E. L. Hansen)、司乐堪(B.

---

① 《本校农学院创办人——裴义理》,《金陵大学校刊》,民国三十二年 2 月;又见陈裕光:《回忆金陵大学》,《金陵大学建校 100 周年纪念册》,南京大学出版社,1988 年,页 16。

② 墨妮:《农学院创办人裴义理先生》,《金陵大学建校 100 周年纪念册》,页 58。

A. Slocum)等两代美国学者和中国师生的通力合作下,农学院共有农经、农艺、园艺、森林、植物、植物病虫害、农业教育、蚕桑等8个学系,并附设南京农事试验场、西北农事试验场、农业推广部和农业专修科。[1]"从办学起到抗战开始,大学本部和农业专修科,及各科训练班毕业生,约计1200人,占全国高等农业学校毕业生的1/3,而从事农业教育及农业改良工作的,占总数的95%。没有一个学生毕业后失业,且供不应求。我国在欧美留学农业的学生,到1948年为止,全国约计256人,而金大农学院毕业生,却占120余人,约占半数。全国农业机关,都有农学院的学生工作。"[2]

在这里应该着重介绍一下卜凯的贡献。卜凯原为安徽宿县地区的传教士,熟悉中国农村情况。1921年应聘在金大创建农业经济学系,最初仅只1人,1924年扩充成为农业经济、农场管理及农村社会3个组,1939年重新划分为农政组、农场管理与农场贸易组、农业历史组、农村金融与农村合作组、农村社会组及社会物价与农业统计组,附设统计室,成为全国最具规模的农经系。卜凯非常重视农家经济的调查分析,1921年由太平洋国际学会资助出版的《中国农家经济》(*Chinese Farm Economy*)一书,使他在学术界崭露头角。1931年江淮流域发生严重水灾,金大农经系受政府委托调查受灾情况作为救济之依据。计调查湖北、湖南、江西、河南、安徽、江苏等省共90县,实地调查人员达293人,得县调查表169份,村调查表2366份,农家调查表11791份,又在上海、南京、武昌三处难民搭棚区域,得调查农家表3796份,然后由卜凯主持编辑

[1] 据耶鲁藏档:RG20,B10,F221。
[2] 《农学院创办人裴义理先生》,《金陵大学建校100周年纪念册》,页58。

出版题为《中国 1931 年水灾》长篇调查报告。由卜凯主持并有多位中外著名学者参加的土地利用调查,自 1929 年起至 1937 年止,历时 9 年始告完成。总共调查全国 22 省,163 地区,16786 田场及 382560 家,其成果是堪称经典之作的《中国的土地利用》(*Land Utilization in China*)。全书共分三册,一为论文集,二为地图集,三为统计资料。这些工作奠定了卜凯在中国农业经济领域的重要地位,金大农经系声誉之隆与育才之众亦备受中外瞩目。卜凯还曾先后担任美国国务院的中国农业顾问和联合国救济总署署长。

卜凯的妻子赛珍珠(Pearl S. Buck),自幼生长在中国,曾在金大外语系任教,先后写过 50 多部作品,大多取材中国农村,其中《大地》尤为驰名,为作者赢得诺贝尔文学奖。①

金大原来只有政治系,贝德士最初是政治系的主任教员,以后才一手创办了历史系。他在 1947 年 50 岁生日时曾在家信中追述:"如果从我来华获得第一个稳定职业算起,到可能退休之时,五分之三的岁月已经消逝了。""我试图扶植中国年轻教师,让他们顺应自己的兴趣与优长,而我自己则只得担任其余的历史课程。重要的影响已经显示出来,但这却意味着我要像新教员一样,不断从一门课程转移到另一门课程,同时还要遵照部分教学计划的不断变化而担任新设课程的教学任务。结果已表明这一政策完全正确,例如我现在的主要同事王绳祖与陈恭禄,还有前此的三四位同事。王、陈不仅教学出色,他们的著作已经享有并将继续增长广泛的影响,因为他们编写的大学教材已经成为范本。""我深知,其结

① 以上参见陈裕光:《回忆金陵大学》,《金陵大学建校 100 周年纪念册》,页 17;《25 年来金大农业经济系之概述》,《金陵大学农业经济系成立 25 周年纪念册》。

果是使我成为一个出版专著甚少的可怜专家,同时又是一个颇具潜力的好老师,因为我总是勤奋而广泛地阅读。"

但贝德士绝非"可怜专家",他知识之渊博,堪称通识型的专才。在上述家信中稍有透露:"无论如何,我曾延展于广阔的知识领域:历史学,我的主要训练是近世欧洲史与英国史,通过自学与研究生攻读,扩大到古代和中世纪的中国、日本、印度、俄国,还有若干美国史——几乎是除了拉丁美洲以外的所有地区的历史;与史学研究相关联,还有政治学、社会学方面的兴趣,包括在牛津的攻读与早先在金大讲授政治学,接着是经济史、国际关系和当代事务,特别是远东地区;拉丁文和希腊文(前者每周用一两次),谙习法文、中文、德文、俄文、日文,可以对付姓名、工具书,并可勉强阅读……"①有位听过他演讲的外国学者索尔博(L. N. Thurber)先生回忆说:"1943 年在耶鲁,贝德士在我选修的一门中国区域研究课堂上讲演,我特别倾服于他的百科全书式的知识与记忆。我仍然清晰地记得,座位离他很近,两小时提供大量细节,诸如互相比较的数位,1900、1910、1920、1930、1940 年中国铁路有多少英里,硬型路面公路的类似数位等。讲演之后与贝德士交谈,我发现他的讲演稿只有三个词用以概括主要范围。"②

贝德士除承担金大历史系繁重的教学工作外,还在金女大、中央大学、中央政治学校兼课,并且参与金大中国文化研究所的创建。他还亲自编撰《西文东方学报论著举要》(*An Introduction to Oriental Journals in Western Languages*, *With An Annotated Bibliography*

---

① 耶鲁藏档:RG10,B2,F24。
② Cynthia Mclean ed. , *Gleanings-from the manuscripts of M. S. Bates*, N. Y. 1984.

of Representative Articles），作为该刊丛书之一种刊印。此书是在广阔阅读的基础上选择 19 种有代表性的西方刊物编成的，除分类索引、著者索引外，还有导言与论文举要，反映出编者促进中外学术交流的热心。

史迈士是"南京帮"的后起之秀，1934 年来华后为金大社会学系明显地增添了活力，特别是随金大西迁后积极参与推进了中国的"工合运动"。早在 1939 年他就为政府策划，由各地工业合作社承造军用毛毯，并以成都与陕西为工人培训中心。1940 年金大社会、经济两系与中国工业合作协会合作，举办高级人员训练班，史迈士为该班主任。同时，他还利用暑假前往重庆、兰州、陕西等地，为"工合"人员讲演，并结合教学经验编印《工业合作》一书，作为学员教材。

其他美籍教授，如华群对于金女大教育系，史德蔚对于金大植物系，章文新对于金大哲学心理教育系，唐美森对于金大化学系，赛珍珠对于金大外国语文学系，司乐堪对于金大植物病虫害系，林查理对于金大农艺学系，都有很大贡献。本文限于篇幅，不再一一缕述。

三、患难见真情

南京城内的岁月也并非总是风平浪静。随着民族主义浪潮的高涨，20 年代初兴起的非基督教运动发展成为收回教育主权斗争，矛头遂直接指向教会学校。

在 1927 年春天的"南京事件"中，除金女大以外，所有外国人的住宅都遭到焚烧乃至洗劫。混乱延续 8 个小时以上,有 6 个外国人被杀死,其中包括金大副校长文怀恩,贝德士也被一群乱兵拘捕,双手捆于背后,几乎被胡乱开枪的士兵击毙,幸亏得到红十字会的及时解救才幸免于难。[①] 不过贝德士的反应相当冷静,他在 1927 年 5 月发表于《世界召唤》(*World Call*)的报道中说:"正努力了解中国人普天同愤的背景,和 3 月 23、24 日两天混乱的实况。可能是对于某些外国人某些偏激言论的不完全自觉的对抗的突然爆发,很少能证明这是进城国民革命军将领的狡诈阴谋。"[②]但南京的外籍人员毕竟被迫全部撤离,先到上海,继而分为三路:一部分回国,一部分去日本,一部分去朝鲜。

　　不过这种情况为时不久。1928 年秋季以后,离校的外籍人员陆续归来,贝德士是最先获准返校工作的美国教授。及至南京国民政府初步稳定政局,金大、金女大与外地其他教会大学一样,重新恢复了发展的势头。当然,发展的前提是大多数外国教会与外籍教职员采取比较理智的态度,在不同程度上顺应中国民族主义的潮流。首先是遵守中国政府的规定,履行注册手续,接受政府教育方针、政策的指导,对教会大学内部进行大幅度的调适变革。在此后的岁月里,他们与政府保持比较密切的合作,在教学、研究与社会服务等方面,都取得明显的成绩。

　　空前严重的患难来自 1937 年日本发动的侵华战争,人们都认识到这将是一场关系中国生死存亡的长期战争。随着战火的逼近,金大和金女大和其他大多数教会大学一样,决定随国民政府西

---

① Bates of Nanking, P. 4.

② 耶鲁藏档:RG10,B6,F101。

迁。情况正如金大教授芳威廉回忆所说的那样:"两千里难以置信的艰苦跋涉,经过湍急河流,越过高山峻岭,坐船、乘车乃至步行,需要非比寻常的决心与勇气。急速移动,缺少给养,更谈不上营养,持续不断的危险考验着信仰与耐力,他们幸存的事实便是对他们学校精神的诠释。"①教会大学分担了中国的苦难,参与了维护民族生存的斗争,也投入了推动社会进步的各项有益工作。

当然,面临更为艰危考验的还是自愿留守金陵的那些"南京帮"成员。

贝德士全家当时正在日本度假,并为维护日本和平相处作最后的努力。接到金大陈裕光校长的使命后,历尽艰难只身返回南京,以副校长的名义全面负责保护校产,并勉为其难地开办一所农业专科学校。他与史迈士、林查理等参与组建南京安全区国际委员会,该会成员还有上文提到的麦卡伦、威尔逊、费吴生、米尔士、马吉、华群等。他们生死与共,临难不苟,为救援南京20多万难民日夜奔忙。

组成国际委员会的20多位外侨,从法律和行政的角度而言,本来没有责任保护和养活20多万南京难民,相关外国政府也不断动员他们立即撤离,可是他们却完全出于道义和感情,不顾个人安危与家庭离散而自愿留在这人间地狱。面临失去人性的日军暴虐统治,生命毫无保障的民众在绝望中只有向中立国外侨团体求助,这乃是一种极大的无奈。在中国市政当局已经不复存在,而日本当局放纵暴行的恐怖时期,以20多位外侨组成的毫无政府背景的

---

① Fenn, *Christian Higher Education in Changing China*, *1880 – 1950*, Michigan, 1976, PP. 119-120.

小小外侨团体竟然要承担起 20 多万难民食宿、卫生乃至治安等繁重任务,这也许是一种更大的无奈。国际委员会尽管有大量中国职工的忠诚奉献,有南京以外的各国友好人士道义上和财物上的某些支持,特别是广大受难民众的依赖给以强大的精神力量,但他们毕竟手无寸铁,无兵无勇,除了中立国侨民身份以外,别无任何其他可以与日本军队对抗的手段。他们诚然是西方国家的公民,但他们国家的政府并不支援他们,却一味纵容日本侵华,向日本提供军火与其他军用物资,继续鼓励日本反对苏联。正如贝德士1938 年 11 月 29 日给友人的信中所言:"南京城内的美国和平主义者,其生活也是严峻的。他们连续数日目睹成百架(日本)轰炸机群飞过,有些带有美国装备,而且几乎全部灌满美国汽油,在江上连绵的(日本)军舰是用美国汽油驱动的,公路上数以百计的(日本)军用卡车也是通用公司和其他美国厂家制造的。他们在美国的和平主义者友人正受到谴责,为了害怕法西斯国家不悦,(美国)断然反对通过国际合作走向世界政府(指国际)蹒跚的第一步,反对取消与侵略者的经济伙伴关系,从而使世界上弱国横遭蹂躏。难道善意对待他人还有什么胜于强权的实际意义?富国应该为大家的公益作经济调节,而不应以武装的贪婪掠夺他们弱势的邻居。"①因此,他们只有以弱势地位与数万强横霸道的日本侵略军打交道。对于这些外侨来说,"螳臂挡车"是一个很恰当的比喻,"知其不可为而为之"则是一句更为深刻的成语。他们和一批中国同事,把全部爱心与精力奉献给数十万南京难民,常常以恳求、争辩乃至自己的身体,在刺刀与受害者之间从事求援,尽管这

_____

① 耶鲁藏档:RG10,B4,F52。

种努力大多以失败与屈辱而告终结。他们力所能及的反抗,便是逐日逐事诚实地记录日军的每件暴行,不断地向日本当局提出抗议,并且通过各种渠道向全世界揭露日本帝国主义的残虐,伸张正义,谴责邪恶。

关于南京大屠杀,有关论著出版已多。在这里我只想追述一下这些当年目击者的心情。费吴生在 1937 年 12 月 24 日,也就是日军进城烧杀淫掳 11 天以后,给朋友写信说:"现在是圣诞节前夕。我先从 12 月 10 日讲起。在短短两周里,我们在南京经历了围城、华军败退和日军进城。往日的南京曾是我们引为骄傲的美丽城市,依然有着法律与秩序,今天则是一座废弃的,充满仇杀、洗劫而大部分被焚毁的城市,完全无政府状态已有 10 天——这是人间地狱。……我的生命任何时候都面临严重危险。淫欲疯狂并且喝醉了的士兵,强奸妇女以后走出屋外,谁也不知道自己的命运如何? 当你发现刺刀对准自己的胸膛,或是手枪对准自己的头,就明白已被掌握在某个要消灭自己的人手中。日本人不喜欢我们不顾要求外国人离去的劝告而继续留在这里。他们不需要旁观者。但是我们还得留在这里,当他们抢走赤贫者最后一点财物——最后一枚铜板,最后一袭卧具(已是寒冬季节)和黄包车夫的车的时候;当数以千计已解除武装的士兵向你寻求庇护所,连同数百无辜平民从你眼前被拉去枪毙或用以练习刺杀,而你曾听到枪杀他们的枪声的时候;当成千妇女跪在你的面前歇斯底里哭泣,恳求你把他们从野兽蹂躏下解救出来的时候;当你的国旗被多次扯下践踏而你站在一边无能为力,连你自己的家也被洗劫的时候;然后你眼睁睁看着你定居并热爱的城市,你曾为之奉献青春年华的学校,被有计划地、成片成片地焚毁——这是一座地狱，绝无仅有的地狱。"①

　　包括"南京帮"在内的国际委员会成员，在南京20多万难民中有口皆碑。密尔士与贝德士是继拉贝以后的第二任、第三任主席，实际上是始终坚持国际委员会的栋梁之材与精神之柱。年轻力壮的社会学家史迈士，在日军大屠杀最为残酷而又频繁的日日夜夜，以过人的干练与充沛的精力，主持国际委员会的日常事务。教育学家华群舍生忘死地努力保护金女大难民营近万名妇女，被当地民众深情地誉为"活菩萨"。农艺学家林查理以高度的勇敢与高超的技术，成为南京数十万民众粮食和燃料的运输队长。威尔逊医生独自承担鼓楼医院的外科手术，日日夜夜的操劳累肿了胳膊。马吉牧师除主持红十字会的繁忙救援工作外，还不忘携带小型摄影机，为一桩又一桩日军屠杀平民的罪行留下活生生的现场记录；而作为安全区主任的费吴生，则冒着极大的风险把这些胶卷秘密带到上海，公之于外在世界。……

　　可以说，留在市内的"南京帮"成员，个个都是好样的，每个人都有一连串可歌可泣的动人故事，其英勇不下于奋战疆场的将士。可是，他们从来没有把自己看作英雄或救星，面对着生活在水深火热之中的难民，亲眼看见成千上万无辜民众被屠杀，他们经常感受到的乃是力不从心的痛苦。正如贝德士当年所说的那样："我们同其他人一样明白整个局势的严峻与黑暗，在这里很难找到公理与正义。个人自身的问题早就得到回答。基督徒努力履行自己的职责，用不着为自己的生命担忧，只会为自己难以满足巨大的需要而

━━━━━━━━━━

① 耶鲁藏档：RG11，B9，F202。

感到内疚。"①但是中国人民和中国政府非常尊重他们救死扶伤的崇高精神与多方面的劳绩。据当时曾目睹大屠杀惨况的中国医务人员追述:"综计敌军入城烧杀淫掠,书不尽记,而吾难民在水深火热之中可以求保护,稍得慰藉者,唯国际委员会是赖。在宁之德、美友邦人士,咸抱大无畏精神,不避艰危,尽瘁从事。在金大、金女大收容所服务之外侨,无分昼夜,轮流守护。金陵女子大学内美国人魏小姐(华群)对于敌人之来劫奸难女者,常跪哭求赦;负责纠察组之德人史排林先生,周巡察护,遇敌暴行,力竭声嘶,誓与周旋。此外在京外侨无一不努力救护吾民,与敌人争执,因之受辱被创者时有所闻,而吾二十万难民得以获救,否则恐无孑遗矣。"②重庆国民政府也曾对华群、贝德士、史迈士、林查理等授勋褒奖。据《金陵大学 60 周年校庆纪念册》记述:"当(民国)二十六年本大学西迁后,贝德士、史迈士、林查理教授等特发起组织国际委员会,联合留京中西籍教职员及友邦热心人士,从事救济难民工作,将本大学校舍、宿舍、住宅、农场悉供难民棲止,并设立粥厂,及补习学校,以资教养。当时首都难民获免敌军污辱屠戮,得以全活者至众,国民政府嘉其茂绩,特予明令各授襟绶景星勋章,以示褒奖。本大学校舍,亦赖贝德士教授等努力维护,得免破损。"

现今,南京大屠杀纪念馆已经把上述国际委员会主要成员的照片和事迹作为陈列内容,以示对这些国际友人的永远怀念。

---

① Bates of Nanking.
② 蒋公役:《陷京三月记》,台北"中央"图书馆。此外,还可参见侯楷《难民区历劫记》等文。

四、永远的情结

1950 年以后，由于中美关系的急剧恶化，"南京帮"与其他美国教职员一样，相继离开南京返回自己的祖国，但他们大多仍然思念南京，思念中国。

他们之中最先返美者是华群。1940 年她由于心力交瘁，回美国休假一年并接受治疗，不幸于次年逝世。她在病中最关心的仍然是金女大，曾给该校美国委员会的负责人写信说："当全世界都在如此苦难艰困之中，我很遗憾自己却袖手旁观，不能帮上一点忙，变成一个包袱。"也曾写信给她所属教会的秘书说："你认为我应该为回中国去作准备吗？中国是我的家，不回去似乎不对。"直至死前也曾对友人说：假若能再生一次，她还是要为中国人服务，中国是她的家。①

贝德士于 1950 年返美后，一直在纽约协和神学院教授教会史和世界宗教。他把自己教学与研究的领域侧重于东亚，并且热心参加哥伦比亚大学东亚研究中心有关中国问题的各项学术活动。他以渊博的中国历史、社会、文化方面的知识，认真答复向他求教的信件，包括审阅各类有关中国的学位论文，赢得五六十年代成长的那批青年学者的尊敬。虽然远隔重洋，他仍然关心中国，关心在中国发生的各种变化。有一段时间，他极为关心非洲教会学校的发展，有可能是想在非洲实现过去在中国的未竟之愿。他主张美

---

① 以上引自胡华玲：《金陵永生》，九歌出版社，1997 年，页 193、194、199。

中复交,在报刊上发表许多时事评论文章。1960 年曾发表《不能无视中国》一文,指出:"应该把我们的心灵适度地从想象转到现实。与朋友和中立者不断协商,寻找方法逐渐打开门户与中国建立'正常'关系,经常与中国人沟通、调适,以缓和东方和南亚的持续紧张。道德的僵化与排他性只能延续与增强现在的灾难。"①1965 年退休以后,他以全部精力投入《基督徒在华奋斗六十年1890—1950》的繁重撰写工作。他徜徉于史料的海洋,仿佛又回到中国,回到熟悉的校园、友人、往事中间。这不仅是学术的追求,也是他最后的精神寄托。

史德蔚也是在 1950 年返回美国,临行前还为救济青龙山灾民捐献 546700 人民币(旧币,约合新币 5400 元)。② 他把在金大任教期间历年参与制作的,包括闽、浙、粤、苏、皖、赣、鄂、鲁、冀、黔、川、康及海南岛的一大批植物标本带回美国(共制作两套,一套留存金大植物系标本室)。返美以后,他一直在俄勒冈州立大学任教,并且利用带回的中国植物标本,编撰《长江下游脉管植物手册》(*Manual of Vascular Plants of The Lower Yantze Valley*)等专著,在学术界享有很高声誉。史德蔚夫人也由于在中美两国的优异服务与崇高品德,于 1967 年当选为"俄勒冈年度母亲"(Oregon Mother of the Year)。史德蔚夫妇非常注意儿女对中国社会、文化的了解,分别给他们命名为庆云、庆洁、庆德,并且要他们学习中文和阅读中文书籍。我们至今仍可在"史德蔚文献"中发现珍藏的长女庆云的大字本,毛笔字写得中规中矩;还有孩子们的课外读

---

① *Christianity and Crisis*, Vol. XX, No. 18, 10/31/1960.
② 耶鲁藏档:RG20, B9, F201。

物,如《小朋友文库》、《民星杂志》等。这些子女长大成人后,都怀念在南京和牯岭的童年生活,并且写了一些充满感情的回忆文章。①

　　类似的故事还可以讲许多许多,但交稿时间迫使我必须结束这篇文章。也许可以用曾在金大工作多年的芳威廉的话作为结束:"结局是悲剧性的,但故事本身并非悲剧。……中国教会大学这个名字,将视为大西洋两岸基督徒对太平洋东岸伟大人民的辉煌贡献而永远铭记。"②而镌刻在雪柏得镇华群墓碑上的四个中国字——"金陵永生",则可以看作是这些死者永远的南京情结的象征。

---

①　耶鲁藏档:RG20,B12,F252。
② 　Fenn,ibid. p. 232.

东亚基督教的西方诠释：

评贝德士《差会与远东文化的关系》

  贝德士在南京金陵大学虽然服务三十年，但因忙于历史系教学工作并在东南大学（后改名为中央大学）、金陵女子文理学院、中央政治学校兼课，同时还要参与教会本身及其相关各项工作，所以出版学术著作不多，有关基督教的专门论著更少。

  根据 1948 年印制的《私立金陵大学 60 周年校庆纪念册》，贝德士有关重要著作已出版者如下：

  1.《基 督 教 与 共 产 主 义》（*Christianity and Communism*），该书在 1933 年译成中文，并由上海基督教广学会出版。

  2.《人类的一半：远东的人民与问题》（*Half of Humanity：Far Eastern Peoples and Problems*，The Church Peace Union，1942）。

  3.《差 会 与 远 东 文 化 的 关 系》（*Missions in Far Eastern Cultural Relations*，American Council，Institute of

Pacific Relations, for the eighth Conference of the Institute, Mount Trembland, Quebec, 1942, Reprinted by the Foreign Missions conference of North America,1943)。

4.《教会事业分布资料》(*Data on the Distribution of the Missionary Enterprise*,International Missionary Council,1943)。

5.《宗教自由:一种探究》(*Religious Liberty:An Inquiry*,Harper and International Missiony council, 1945),校庆纪念册编者注明:"该书现已译成7国文字发行全世界。"

本文只限于对其中一种——《差会与远东文化的关系》进行初步评介。

一

《差会与远东文化的关系》其实只能说是一本专著的详细框架或论纲,1942年11月提交在魁北克蒙特春白兰举行的太平洋关系研究院第8次会议,这是贝德士在海外差会会议(亦曾译为外方传教会会议,原文为 the Foreign Missions Conference,简称FMC)若干成员协助下的共同研究成果。

贝德士虽然先后受过牛津、哈佛、耶鲁的良好史学训练并在金陵大学历史系长期任教,但他在1920年毕竟是以传教士的身份受美国教会派遣来的。因此,他始终与中外教会保持密切联系,并且在若干基督教团体或机构中任职。1924—1937年曾参与基督教高等教育委员会(Council of Christian Higher Education,隶属于China Christian Educational Association 与 the National Christian

Council of China）工作。1938 年作为中国代表参加在马德拉斯举办的国际基督教宣教协会（Conference of International Missionary Conference，简称 IMC），随即成为 IMC 远东顾问（Far Eastern Consultant），同时任远东顾问并与贝德士协作的尚有来自日本的查理·依格勒哈（Charles Iglehart）。[1]

1941 年 5 月，贝德士已经完全结束了南京安全区国际救济委员会的工作，并且离华返美。1941 年 6 月 25 日曾为纽约市一个社团演讲，题为《中国沦陷区基督教徒的工作方向》（The Setting for the Christian Task in Penetrated China），北美国外布道全国联合会会议（Foreign Missions Conference of N. A.）于 7 月 10 日作为绝密档内部印发，并且介绍说："他是基督教传教士联合会（The United Christian Missionary Society）的一位传教士，是在华传教士中最富有才能的观察家之一。"[2] 其所以对外保密，是为了维护演讲中提到的仍留在中国沦陷区的相关人士。此后直至 1945 年初，贝德士在纽约使徒会（Disciple of Christ, N. Y.）支援下，执行 IMC 的紧急事务（Emergency Service，主要从事国际战俘交换工作）并进行相关研究与撰著，《差会与远东文化的关系》便是其重要研究成果之一。

贝德士关心基督教在远东地区的传播，并非仅仅是由于他要履行 IMC 远东顾问的职责。早在 1926 年他就参加了美国远东协会（American Oriental Society，1926—1952），1931 年又加盟太平洋关系研究院，都说明他对整个远东地区基督教发展的关注。1941

---

① 贝德士自撰简历，耶鲁藏档：G10，B126，F1132。
② 耶鲁藏档：G10，B87，F686。

年以前,他虽然主要在中国生活与工作,但从 1935 年开始,每年访问在日本工作的外国传教士和相关的日本公众人物及基督教领袖,直至 1945 年为止。① 其实,早在 1918 年 7 月,贝德士作为牛津大学研究生,随基督教青年会(YMCA)在美索不达米亚从事战时服务后,即曾在返国途中短暂停留于横滨,并与刚刚到达此地的美国传教士赴日布道团会晤。②

1927 年,"南京事件"发生以后,金陵大学外籍教职员奉命全部撤退,贝德士全家亦曾经由上海前往日本旅居,直至南京局势稳定后返校。所以贝德士与日本人士的联系可以说是由来已久,并且随着 1935 年以后的每年例行访问而与时俱进。

曾经在南京鼓楼医院任职并且负责安全区国际委员会财务工作的麦卡伦(James H. Mccallum, 亦属 United Christian Missionary Society),1939 年 11 月在《世界召唤》(*World Call*)杂志发表《贝德士:国际关系的传教士》(Searle Bates: Missionary of International Relations)一文,充分肯定:"贝德士富有价值的贡献之一,是有助于发现并提供有关远东事务的重要资讯。他经常收集资料并对关注国际事务的作家与其他人士作报告。他的严谨陈述对于那些寻求并能利用一位观察家的审慎、公正、独立的报告的编辑、演讲者和其他人士颇有裨益。"他还着重介绍:"贝德士博士利用假期在日本工作,在过去三年曾四次前往日本,预期在本文出版前还要第五次赴日。尽管朋友们担心,在公开冲突时期他的使命可能引起

---

① 贝德士为纽约协和神学院公共关系办公室提供的个人资讯,耶鲁藏档:G10,B126,F1132。

② 据谢伟思回忆,Maude Taylor Sarvis, "Bates of Nanking," 原载于 1942 年的 *The international Committee YMCA*,我所见者为收藏于 Bates papers 中的列印本。

猜疑与误解,但历次访问都充分表明非常有益。团体内的友人在上面介绍,其他人士协助开启许多重要门户并传递可靠资讯,使许多日本人获得对中国的较好理解,也许将来某一天可以产生良好果实。而从日本返回的报告,也将在中国人中间结出善果。"①

基督教传教士联合会对贝德士的语言才能与研究能力亦有好评:"贝德士博士的语言能力足以非常流利地使用中文,他还运用日语并学习俄语,认为熟悉这三种语言为研究远东事务所迫切需要。他的远东历史知识,以及利用这些知识阐析当代事件与趋势的能力,为教会与政府双方相关事务提供难以估价的帮助。与此相伴随的是他具有很高学术水平的记载,他富于同情心,他对民众的真情厚谊以及深切关怀,他对基督教生活方式的普世需要的执著信念,以及他对和平降临的诚挚愿望。"②

通过以上的介绍,将可增进我们对贝德士撰写《差会与远东文化的关系》一文的理解。

二

《差会与远东文化的关系》共有六个部分:1. 教会的宗旨、组织与方法;2. 传教士事工的特征;3. 差会与基督教在中、日工作的量化概述;4. 差会事业内的现今趋向;5. 战时变化;6. 弱势教会在中国、日本环境中的现状与趋向。

---

① *World Call*, November, 1939.
② *A Board of Missions and Education*, the United Christian Missionary Society, October 29, 1947.

首先应该着重研读正文之前的导言,因为它凝聚着贝德士有关这个课题的基本要旨。导言包括三个要点,摘译如下:

1. 文化接触的性质与重要性

战争及其后果,给北美文化与中国及日本关系的重要性带来新的视野。对于发展国际秩序与安宁,持久合作的可能性具有极其重要的意义。这还关系到众多人们的境况与看法,包括那些管理政府、商业、教育与出版的人。文化接触的因素是多样的,包括商业、居住和旅行中的人际关系,尽管其中很多是偶然的,不可能在文化层面产生结果;另外还包括学校、报纸、电台和电影给予的资讯(含带有感情色彩的声音),反映一个国家关心其他国家的生活。在目前情况下,它包括大批到美国接受高等技术或职业教育的中国和日本留学生,和他们对北美以及他们将要回归的国家的影响。东方学生交流的数量和重要性如此之大,需要分别地和通盘地加以研究。由于目前的情况,洛克菲勒基金会与哈佛燕京学社也是极为重要的事业。这些因素在本文中均未忽视与低估。本文关注的是文化接触这样一个复合体(one complex body of cultural contacts),关系着大量美国人和中国人及日本人之间持久而频繁的互动:基督教布道事业。

2. 文化运动与宗教

文化关系作为一个方便词语用于非政治与非商业(non-political and non-commercial)关系。宗教严格限定自身为重要的文化因素。宗教在历史上普遍被视为其他文化因素的传媒(vehicle),与各个语言、文学、哲学、艺术和音乐的传统及社会的与制度的范型相联系。在佛教、伊斯兰教和儒教的传播中,东方对于那些以宗教和伦理为核心的文化转移(cultural transfer)相当熟悉,它们为一般文化运动提供激励与基调。基督教的灵修方法(spirit method)与个人接触,在北美取得很大成效,在远东亦然。

3. 北美差会的当前趋向

现在研究的不是远东教会史,只是对过去十年或二十年的趋势作一个简要的探讨,旨在对不久的将来的可能性作更为明智的审视。北美通常被视为一个整体,因为在美国与加拿大的差会的合作与报告中,其工作与存在的问题均极其相似。英国和欧洲差会以其先驱者的传教经验和直接合作,为北美教会事业作出了很大贡献。希望通过分别的和更为广泛的研究,可以越过大西洋,或与那里的朋友合作,将可覆盖英国和大陆(欧洲)的教会事业。

4. 以基督教社会为研究基础

本文亦涉及天主教,部分材料既适用于天主教也适用于基督教。但在近二十五年,天主教几乎全是欧洲人,即使到现在,虽然北美天主教发展迅猛,但相对于中国和日本的天主教势力而言,仍然只是一个小角色,尽管在朝鲜和美洲较为重要。就神父教会中的两性而言,在中国的 5764 名天主教传教士中,美国占 651 人(1938—1939);在日本的 838 名传教士中,美国人有 42 人,而操法语的加拿大神父就有 45 人。①

5. 作为主要地区的中国

紧张时期过后,中日所有正常关系都中断了,甚至部分恢复也要有待于战后一段时间,很难预见如何适应这种环境。此外,北美教会在中国大部分地区比在日本有更大的发展,洛克菲勒基金会

---

① *Catholic Foreign Missionary Society of American*, *1942 directory and lists*, Dr. G. Roggedorf, S. J, in Japan Christian year Book, 1941.

及其相关教育事业的情况亦属类似。因此,(本篇)综述首先适合于中国,如有可能则涉及日本,或对日本另作叙述,日本界定为1937年的日本帝国,陈述间或涉及朝鲜。

从这篇简要的导言可以看出:

首先,贝德士在文章中所使用的文化关系一词,乃是比较明确的狭义界定。他不仅强调这一术语只能用于非政治(non-political)与非商业(non-commercial)关系,而且特别强调宗教应该限定自己为文化的重要因素,即文化的重要组成部分。这显然是出于维护"宗教自由"(religious liberty)亦即政教分离、教会自立的改革派立场。正如贝德士逝世后一位美国女学者的客观评析,他的理想是"推动自养、自信、自传教会,让基督教精神渗透于周围社区,成为海外布道运动的斗争目标,使其人格区别于商人来华谋利,军人来华征服,外交家来华一切行动基于本国利益"①。这一主张同样适用于其他东亚地区乃至整个世界。

其次,贝德士认为宗教本身既是文化的重要因素,又是其他因素的文化载体,与各种语言、文学、哲学、艺术和音乐传统、社会制度模式等相联系。因此,宗教传播便必然涉及到更为广泛的文化内容,包括学校、报纸、电台乃至留学人员散发的资讯及其影响,甚至还包括商业、居住和旅行中的人际关系,即使其中是偶然性的,难以在文化层面产生明显影响。这就表明,贝德士此文尽管对文化一词采用了狭义的界定,但是对于作为文化交流之一种的宗教传播,却主张必须用广阔的文化视野给以审视,以求判断的全面、

---

① *Gleanings-from the Manuscripts of M. S. Bates*, edited by Cynthia Meliean, New York,1984,p. 43.

深人与准确。

第三,在基督教与东亚文化关系的探讨中,贝德士提出文化接触(cultural contacts)、文化转移(cultural transfers)、文化运动(cultural movements)等词语,显然是力求从动态,特别是从互动的角度来探讨基督教传播。他对中国古代历史素有研究,尤其注意佛教、伊斯兰教和儒教的异地传播,认为这些宗教传播之所以成功,首先在于东方对于这些宗教和伦理为核心的文化转移已经相当熟悉,所以能够为一般的文化运动提供激励与基调,换言之即在本土真正落地生根。1945 年,即此文发表三年以后,华中大学校长韦卓民博士作为亨利·鲁斯世界基督教客座教授,在纽约协和神学院作题为《基督教会植根于中国土壤》的著名演讲。贝德士特别欣赏其中的一段话:"用另外一种文化来解释基督教的教义和组织,重要的事情就是首先必须进入这种文化。……我们宁可尽量深入中国文化的精神,以及多少世纪以来为中国文化所吸取的各种宗教、社会以及知识传统的精神,来看有没有和基督教生活观念能够配合的地方,在不抵触中国人观感的情况下,有没有若干因素可以利用作为表达媒介和作为接触的契合点,用以将基督教义和制度传播于中国人民。为了达到这种目的,我们要吸收中国文化的高层次,但也不要忘记中国文化显然已经存在的黑暗部分。"① 韦卓民自称是以一个中国人的立场,试图以东方古老的文化来诠释基督教,并作为"世界基督教"(Christendom)在中国实验的开端。贝德士比韦卓民小 6 岁,可以看作是韦的同代人,尽管他

---

① 耶鲁藏档:G10,B34,F474。贝氏的摘录略有疏漏之处,现据马敏编《韦卓民基督教文集》(香港汉语基督教文化研究所,2000 年)所选原作译文略作校补。

是站在西方人的立场,而且对中国文化精神的理解远逊于这位中国大学者,但他对中国基督教本土化问题却形成了与韦氏有所相近相通的认知。这或许可以称之殊途同归。

<h1 style="text-align:center">三</h1>

正文主体的第一部分对"差会的宗旨、组织与方法"作概略介绍,贝德士认为差会的动机只能以基督教为根本,应该超越政治与派出国利益,并且强调要注意个人与群体的解放、政治分离、民主与社会理想主义等原则。他把差会的目标规定为三项:1. 基督教信仰与团契在全体人民中传布;2. 通过提供更为充实的生活的机会,服务于(社会)需要,破除国家与种族畛域,以彰显基督教四海皆兄弟(Christian brotherhood)的理念;3. 基督教伦理在个人、家庭、社区和国际生活中的运用。

我认为,这就是贝德士对基督教在华传播的理想,也是审视与评析中国基督教历史与现状的出发点。

正文第二部分"差会事工的特征",首先对差会多年以来的在华工作给以充分肯定。

作者以"显著的成就"为小标题,从个人接触——本地人士的重要贡献、女传教士与妇女工作、与基督教民关系的特色、差会教育的意义、民主进程与社会努力、机会与领导、语言知识与社会、在北美的教育影响、(差会)对西方方式(Western ways)的无意识展示、(传教士)非官方的独立自主的地位、(传教士)对公众舆论与美国政府的影响、基督教对世界文化的贡献等12个方面,比较全面地介绍了基督教在华传播的进展与成绩。

据《中国基督教差会指南》统计,1936 年中国 784 个城镇有传教士进驻;而在日本,战前有传教士居留的城镇也超过 120 个。这些传教士及其助手,不仅在其布道站工作,而且有很多人经常定期前往若干其他地区,与当地各界人士都有广泛的接触。贝德士指出,这些传教士中有 2/3 是女性,中国和日本若干县的统计数据显示为 64% 至 69%。由于她们经常在妇女与女孩中开展事工,因此对于所在地社会与文化关系变化具有无可替代的重要意义。

作为教育传教士,贝德士特别重视差会教育事业对于亚洲国家教育模式与人员的较大影响。他认为基督教在中日两国私立教育中都占有重要地位,特别是对女子教育的贡献无与伦比。战争爆发时,有 41% 的教会大学毕业生(总数约 11000 人)从事教育工作;最近几年在教会中学与教会大学学习的人数,分别从 9% 增加到 10%,从 15% 增加到 20%。北美传教士与差会对于远东布道怀有浓厚而持久的兴趣,书刊等文字资料流通的品种每年数以千计,其中有些印数达数万册。有 15 所美国大学(包括耶鲁、康奈尔、普林斯顿、密苏里、宾州、匹兹堡、史密斯与威尔斯利组成的共同体),每一所大学与一所中国大学保持有益的接触。

贝德士更为关心的是基督教对世界文化的影响。他认为"与对目前国际关系不可避免的道德关怀相对应,差会继续发展意义深远的超国家的文化因素,而且有些是深植于感情与心灵中的。《圣经》、赞美诗及其相伴随的音乐;宗教仪式;宗教画像及其伴随的艺术;西方经典文学的翻译与改编,哲学、历史、自然科学,特别是基督教伦理与共同理念;英语、法语和拉丁语知识,还有更加缜密的民族语言,如斯堪的纳维亚语和德语。尽管基督教社区在中国和日本出现为时甚短，但它们贡献的宗教诗歌、画像、赞美诗、祈祷词及伦理挑战了北美和其他西方社区"。

但是，贝德士从自己的理想与追求出发，也明确论述了基督教在华传播存在的局限与问题。

从主观上来说，传教组织过于分裂和宗派主义，布道与教学过于独行其事，并且过分局限于教育与文化，因而难以取得令人满意的结果。同时，传教士太多的教条主义，民族或种族或文化的优越感，语言或技艺的疏懒与无能，都是不适应东方文化的表现，并妨碍他们进入东方的生活与思维方式。贝德士着重指出，"对差会工作于其间的人们的文化与宗教传统了解之贫乏，乃是实现目标的一个主要障碍"。因此，在培养有品质与能力且信仰坚定的教民方面，常常难以实现主观愿望。

从客观上来说，这是从一个经济水平较高的社会培养的传统组织成员，到一个经济水平较低的社会中从头开始发展基督教的地区。应该承认，工作的艰巨性是巨大的。与此相伴随的则是传教士与当地居民家庭生活水准的悬隔。贝德士说："尤其突出的是，对一个北美家庭来说需要维持健康与道德的生活标准，在远东是奢侈的，并且是他们与当地多数居民之间的一个障碍。"他承认，天主教徒在这方面做得较好，他们的独身工作者努力接近中国百姓，反而与北美及其他西方教徒有所疏远，但这是需要以牺牲家庭生活与常规休假为代价的。

贝德士还坦率地指陈了北美教会的缺失对差会工作带来的负面影响：1."北美教会与北美公众观念的落后，通常容易限制传教机构领导认为必需的许多调整与发展。"2."对传教事业学习与参与的价值缺乏思考与努力，对正在形成的世界范围基督教协作观念也是如此。"贝德士认为,基督教事业在东方管理的混乱与复杂(administrative diffusion and complexity),以及它的宗派的与国际的分隔(ramifications),已经成为整个成就的沉重负担,目前这些困难在某些领域已经严重地显现出来,而正是在这些领域更加需要大规模的富有成效的合作。

不过,贝德士对上述主要缺失并未进一步作深入论述,本文倒是以大量的篇幅与资料向北美教会人士具体介绍基督教在中国、日本传播的业绩、战时变化以及现状与趋势,因为这才是北美听众更为关心的问题。

第三部分"差会与基督教徒在中、日工作的量化总结",就中国的传教士与教会、教育事业、医疗工作、教会出版、基督教男女青年会、洛克菲勒基金会与哈佛燕京学社,提供了6组颇有价值的统计数字,说明抗战爆发前夕,基督教在中国已有长足发展并产生较大影响。值得注意的是,教会大学在校学生战争时期反而有明显增长,13 所基督教大学 1937 年有 6898 名学生(春季),1937—1938 学年减少到大约 4000 人,而 1941—1942 学年却增加到 9009人。据 1937 年统计,教会大学已有 11000 多名毕业生,他们毕业后 41% 从事教育工作,11% 成为宗教工作者,13% 从事医务工作,11% 服务于工商企业,6% 从事公共事务。教会出版工作的发展也引人注目。1933 年《中国基督教会中文著作联合目录》(*The Combined Index of the Chinese Literature of Protestant Churches in China*)已经列举 4000 多种书籍与 1000 多种小册子。1936 年有237 种基督教期刊出版,包括 3 种日报,24 种周刊,104 种月刊和半月刊。此外,战争前夕基督教图书馆已有 114 家左右,拥有藏书1998 卷,这些图书馆与高校和水平较高的中学及民间团体保持密切关系。还有美国圣经协会(Bible Society)每年出版并销售 4000 余册《圣经》或《新约全书》,节选《圣经》若干部分内容的书籍远远超过 200 万册。它们中间大约一半经由英国和海外圣经协会发行,连同苏格兰国家圣经协会,战前每年发行总量超过 900 万册。仅从以上事例即可看出,基督教对中国社会生活与文化思想的影响已有显著的增长。如果考虑到还有基督教青年会的 38 个城市机构与 130 多学生团体,基督教女青年会的 19 个城市机构和 5 个乡村机构(包括近 100 个学生团体、85 个女子团体、10 个劳工团体),他(她)们的生气勃勃的活动,则将更可看出基督教在中国社会(主要是城市)日益散发的辐射力。

本文对日本基督教发展状况也有所陈述,资料主要依靠 1983 年的《平信徒差会调查》(The Laymen's Mission Inquiry)和 1940 年的《日本基督教会年鉴》。据统计,1938 年在日本的外国传教士总数为 825 人(北美 666 人)、教友 208962 人,日本圣职人员 1759 人,日本非圣职人员 1361 人。教会办的教育事业也有所发展,1938 年幼稚园 252 所,学生 15349 人;中学 44 所,学生 17615 人;大学 21 所,学生 8247 人。贝德士认为以上数字并非完整,因为平信徒求实调查团(The Laymen's Fact-Finding Commission)根据政府和年鉴的资料所作判断:尽管佛教和神道教成员为数更为众多,但教会创办的高等和中等学校的学生人数,多于佛教和神道教所办学校的学生总数。

贝德士附带也介绍了朝鲜、中国台湾等地的基督教状况。由于战时资讯的隔绝以及语言能力的限制,他的陈述只能以《世界传教士图册》(World Missionary Atlas)等少数出版物为依据。

在朝鲜,1938 年全国 25000 名中学生中,有 7000 名在教会中学就读;3000 名大学生中,有 1000 名属于教会大学;另外还有 80000 名教会小学生。高度自养是朝鲜教会的特色,在纯洁的热忱与奉献的基础上,1938 年有 4500 个本地会所,拥有 4200 栋建筑,几乎全部为自己建成。此外还有 46 名传教士从事医疗服务,大多数来自北美。有 23 家医院和 37 所门诊部,全部由美团体或他们参与的联合体创建。其中除 245 名学生以外,还有 82 名朝鲜医生与 124 名朝鲜护士协同工作。

根据 1938 年报告的名册,1938 年台湾仍有 22 名加拿大传教士和英国传教士,教友有 14895 人。在满洲则有 272 名传教士,但其中仅有 33 名来自北美。这里的教友有 33000 人。

贝德士文章的这一部分还介绍了罗马天主教会差会在远东地区的进展。

根据徐家汇耶稣会和北京遣使会出版的年刊,以及 1941 年教会会议委员会年报(北京出版)上的半官方文章。他们提供的资料是:1938—1939 年中国天主教人数有 3182950 人,同时每年成年人的递增现已达到 100000 人。外籍神父有 2898 人,中国神父 2008 人,后者在神父总数中所占比例已有明显增加。1938—1939 年有 4 所大学与学院,共有大约 2000 名学生;91 所中学,学生总数约为 16000 人;3614 所小学,学生总数约为 206000 人。而 J. J. Considine 神父所著《跨越世界》(*Across a World*,1942)中引用的传信部(Society for the Propagation of Faith)报告,中国有天主教创办的 315 家医院,床位总数为 16324 张,此外还有 960 家诊所。

根据传信部报告中的 1933 年资料:台湾天主教徒共 7193 人,传教士 14 人,修女 9 人,没有华人传教士;有天主教创办中学一所,学生 496 人。东北天主教徒总数为 88661 人,神父中传教士

152 人,本国人神父 55 名,修士 14 人(均为传教士),修女中有 107
名传教士与 212 名本国人;小学 204 所,共有学生 9660 人;中学 6
所,学生 356 人。

根据同一资料来源,日本有天主教徒 100492 人,神父传教士
为 251 人,本国人为 73 人,修士中传教士为 96 人,本国人为 141
人,修女中传教士为 423 人,本国人为 355 人;小学 28 所,学生
1938 人;中学 57 所,学生 13369 人。朝鲜天主教徒共 115949 人,
神父中传教士为 22 人,本国人 84 人,修士中传教士为 37 人,本国
人为 199 人;小学 117 所,学生 12293 人;中学 1 所,学生 317 人。

贝德士还从财务的角度对大批相关资料进行分析,其结论是:
"尽管还没有准确的比较,但在前面述及的时期,在中国和日本,差
会绝对的和相对的财政支持的主要趋势是下降。正如《平信徒差
会调查》,《求实报告》卷七(Fact-Finders' Reports , vol. VII),《总部
和传教士人事》(Home Base and Missionary Personnel)所发现的那
样。1921—1930 年 8 个主要董事会对中国差会的投资每年都在下
降,总共下降了 26% ;对日本不规则的下降则是 16% (纯下降)。
相对而言,同一时期印度差会从 8 个理事会中获得了 11% ,明确地
取代中国成为募款运动的领先地区。所有这些说明,二十年间,在
实际工作中差会重点显然有较大变化,即疏离中国和日本(朝鲜亦
同),转向印度与其他地区。

本文第四部分的标题是:"差会事业内部的当今趋势"。

贝德士首先关注的是基督教会合作与联合的良好势头。他高
兴地指出:"合作与联合已向前发展。中华全国基督教协进会
(The National Christian Council of China)中,大约 58% 至 60% 的代
表是新教成员,更高比率的组成部分与美国团体有关。……日本

全国基督教会议的代表几乎全部是新教徒。到 1941 年,中国 11
个最大的教会包括了全国教会成员的 86%,而日本仅一个教会就
包括了全国教会成员的 71%。在相对和平时期,两个国家的基督
教协会都发展得很好;在战争紧张状态下,他们倾向于发挥其协商
作用的重要性与对宗派领袖的影响。"朝鲜的情况有所不同,由于
日本殖民政府的压制与防范,"多年来已经阻止了自愿合作"。

贝德士也注意到外国差会与本地教会关系的变化,即随着本
地教会的增长及不同速度与进程的权力移交,差会数量明显减少。
这种趋势在日本为时已久且日益强化,其主要因素有三:(1)日本
信徒具有相对较高的教育与经济水平;(2)主要是城市居民与中
产阶级;(3)教徒强烈的民族自尊心与自我独立意识。绝大多数
传教士仍以不同方式和程度与日本教会保持私人联系,在其内部
或边缘为之服务,但(外国)传教机构经常与半自治的本地机构
(如高校)维持直接关系。在中国,由于正好与日本三个因素相距
较远,所以自立的步伐较慢。但大多数中国教会也有某种程度自
治,传教士或多或少具有与中国同工相近的地位;或者采取联合组
织的方式,把一定比例职位分配给传教士,有时在预算和决策方面
双方都有平等的发言权。在中日两国,传教士与本国人士的关系
大体上是良好的,不过 1941 年以后在日本的关系出现紧张,这主
要是由于战争的原因。在朝鲜,差会仍有某种程度的家长作风和
对机构的所有权,但有些传教士对教会组织工作日益疏离。基本
的分歧并非存在于传教士与朝鲜人之间,而是传教士与日本当局
之间,特别是源于后者营造的政治胁迫氛围。

贝德士尤其注意基督教在亚洲传播的东方文化形式。他充分
肯定:"在中国和日本,基督教工作者在寻找与他们自身所珍视的

文化相协调的基督教表达方式的能力方面有所进步。值得注意的是新的赞美诗和改编音乐,本国人自主写作的文学作品稳定增加,并且采用完全自由的媒介、方法、崇拜形式和教会装饰品及象征符号,企图基督教化或为家庭礼拜或古老风俗提供基督教类似物。在中国卖出的 30 万册赞美诗集中,2800 个句子中有 60 个起源于中国的诗歌或词曲。建筑方面,主要是在传教士的激励下,并且增强更多的原创精神,努力协调本土建筑形式以适应教会及机构的需要。(在中国,教会从广州到北京,从上海到成都,建立现代中国风格学校建筑的实验,已经明显影响了公众建筑的发展风格。)北京的天主教堂,实际上是一个基督教艺术的学校。"

值得注意的是,贝德士在文章中特别肯定了中国人和日本人对北美的贡献:"对中国人和日本人的人格和文化尊重的高尚结果,以及最近几年他们在基督教和其他团体的进步,已表现为一种相互促进的关系。东方被认为对西方文化作出很大贡献,尤其是对于作为世界范围大家庭的基督教。中国和日本基督教徒中的一些人,在数以百万计的北美基督徒中享有声望并受尊敬。通过书籍和期刊报道,通过印刷品的熟悉的肖像,通过个人访问和数千教会团体的演讲,许多中国人和日本人在普世教会(the Church Universal)负责的领导人中间被亲切而得体地对待,不仅被自己国家的传教士,而且被派出国的差会行政首脑,本国的和国际教会会议的领导人。其中还有一个人的著作在全世界受到称赞。"

此外,贝德士还对东亚地区的宗教教育方法、乡村社区专案、教会与政府合作、教会与社会责任、乃至传教士的变化(如教育水平的提高、平均年龄的上升、基要派与现代派争论的有所淡化)等方面,都进行了概略的评述。

文章的第五部分"战时变化"显然是北美听众极为关心的重要问题,贝德士从传教士的替换、本地教会人士所受的影响、教会财产的损失与破坏、日本军队与政府的影响、机构与教区的混乱、紧急服务(医疗、难民、救济)、北美教会目前姿态诸多方面进行了全面的考察与评介,大体上可以提供一幅战时东亚(主要是中、日)基督教的全息图景。其中,给我印象较深的有三点。

1. 战争时期日本基督教的状况:由于战争压力与政府影响,日本新教教会已合并成 10 个分支(或称集团),而且都与政府有某种联系,与罗马天主教及俄国东正教团体也有一定程度关联。到 1943 年这些新教教会团体已经合并成为一个联合体,只有基督复临安息日会和英国圣公会的一部分除外。这种情况虽然有利于政府的控制与干预,而且也会引起许多日本基督教的抵触,但教会领导也有可能利用现时环境尽可能地保护教会利益,以免遭到更大的损害。自 1940 年以来,日本基督教基本上断绝了与外国差会的联系,不仅政府禁止外国人在日本基督教团体中担任任何拥有实权的职务,而且也从未收到海外用以支援任何基督教工作专案的资金。

这种日本模式,在朝鲜与中国的沦陷区也被或多或少推行。在华北沦陷区,"一个包括日本人员并由日本支持的新教联合体业已形成",而同样的进程也在长江流域沦陷区出现。其目的显然是企图将某些日本基督徒提升成为文化领导(或称"绥靖")的角色,用以取代英、美传教士的地位,力求成为中国人独一无二的"朋友"。贝德士明确指出,"日本军方和官方是用非常政治化的观点来看待所有这些关系"。而中国基督徒对此"内心抵制而表面顺从,表现出非凡的力量和技巧",但他们在 1941 年以后毕竟无从抗拒日本人以不同形式实现的对于教会创办的学校、医院与其他机构的接管。

2. 基督教在中国人心目中的形象变化:尽管教会医院乃至教会本身都受到战争的严重损害,但他们在沦陷区和自由区的医疗服务仍然表现得极为出色。迄至 1939 年为止,仅全国伤兵转移基督教联合服务会(the National Christian Service Council for Wounded Soldiers in Transit)的全职工作人员已有 937 人,还有 5000 多义工。此外,通过以传教士为主导设立的收容所及其他方式,为数百万处于严重危机中的难民提供了紧急援助,并且为数十万人提供了长期援助。许多教堂、学校、医院和其他差会房产提供为救济难民使用,参与难民救济全职或兼职工作的传教士最多时曾达到 800 人,海外捐助救济事业的大量资金的分配机构也是由传教士与中国同事组成并经管。在 1941 年联合援华会(United China Relief)成立以前,医疗以外的大多数普通救济由援华教会委员会支持,它是美国新教主要团体的代表。美国红十字会的救助部分也是通过传教士分配的。1941 年以后,由于美国不再是中立国,许多传教士转移到自由区服务。1942 年的春季与夏季,有近百家基督教医院在自由区工作,但仍有 137 家医院继续在沦陷区坚持运作。除医疗援助外,有些传教士(金陵大学社会学系教授如史迈士等)还积极参与中国工业合作协会(简称"工合",Chinese Industrial Cooperatives)的工作,主要是培训人员与协助运营。

传教士在抗战期间的救济工作成效卓著,蒋介石夫人曾发表专文给以充分肯定。本文亦引用了中国一部分知识分子创办的《中国评论》(The China Critic)1939 年刊出的一段文字:"目前战争所产生的许多后果之一是一种认识,即无论过去存在什么怀疑,基督教在华差会充分地和绝对必要地证明了他们存在的正当性。他们面临考验时是何等义无反顾,这将使他们在世界基督教差会史上留下最生动的划时代的一页。今天,抗战爆发已经两年了,基督教在华差会创造了自己的纪录,他们应该为此感到骄傲。他们通过行动而不只是语言来传播福音,证明上帝的爱和人类的兄弟情谊。通过悲痛时刻满足巨大的人道需求,他们明确无误地找到了自己在这个民族生活中的位置。"所以作为当时亲历者的贝德士也动情地指出,救济工作"是在情谊与精神支持下进行的,它的内在价值和所赢得的理解是显著的",并且把这种理解称之为"服务的副产品"。

3. 北美教会的态度

贝德士认为,自抗战爆发以来,北美教会支持在华差会的态度始终是积极的,他们的成员为一般中国救济机构捐助了大约两百万美元,并为联合援华会捐助了一笔数目相当的款项,此外还为一些更小的私人救济事业提供数十万美元资金。但随着世界战争规模的迅速扩大,以及教会自身事业日益增加的社会需求,他们自然也会感到资金短绌与力不从心,不过仍然勉力维持对在华差会的日常资助,乃至为紧急事务拨给专款。同时,传教士的候选者仍然踊跃,他们素质较高而且热情洋溢,满心期待在战争以前来华大显身手。更为重要的是,"战争增加了人们对作为侵略受害者的中国人和日本人的同情。中国人对装备精良者(日军)的坚定而牺牲惨重的抵抗,已经赢得真诚的尊重与善意的惊奇。对于东方自身的重要性,对于世界和平或冲突的重大意义,以及它在机构中的必要位置等等,人们有了新的评价。对差会产生兴趣的教会人士以自己不同寻常的参与热情来感受这些活动。许多以前对此冷漠的人开始阅读传教士的作品,并且物色传教士演讲者。对中国领导人的诚挚尊重,在严酷的战争与同样严酷的和平中对中华民族的坚定盟友感,这些情感在承受传教士关注的基督徒中比在广大人民中植根更深"。

另一方面,随着战争的进展,教会人士对日本的理解也有所增进,而且逐渐趋向于理性与冷静。贝德士认为:"与所有爱思考的人一样,教会人士对已经认识或了解的日本人,有着半怨恨半惋惜的挫折感。……基督教徒反对日本人对他们近邻的所作所为,这已经深深扎根于传教士、中国基督徒与朝鲜基督徒的布道经验之中。"但是,许多北美教会人士并非偏爱某些国家或者偏恨另一些国家。"基督教徒将他们在艰难时期的坚持,归结为相信任何种族的人都是有价值的和有尊严的;归结为他们的信仰,即对所有人来说,最根本的是精神支持着美好的生活,即使在苦难和不幸的时期。"这时,贝德士已经在中国工作二十多年,包括在人间地狱般的沦陷区的南京从事难民救济工作的整整四年,其处境的艰难困苦非一般人所能想象。我相信他的话是真诚的,而且是深刻的,当然也并非所有北美教会人士的认识都能进入如此高尚的思想境界。

四

本文的第六部分,"影响教会在中国、日本环境中的趋向和现状",应该理解为贝德士对上述远东基督教各方面情况的总结,不仅指明其近期发展趋向,而且提出相应的工作建议。

首先,贝德士较为关注的是当地民族主义的增强,而其影响对于教会近期及以后的影响有三个方面:1. 政府介入宗教领域的趋势,如日本的官方神道教,对基督教及日本占领区其他宗教团体的监督。2.建立国家教育体系的趋势,限制民办教育的首创性与多样性,倾向于把宗教排除在教育以外,中国与日本都是如此。3.在社会服务与青年团体的活动中也出现相同趋势,加强对所有宗教、教育与社会事业的注册检查,接近于管制状态或极权主义(尤其是在日本统治地区),或者是"没有任何限制的官僚主义"(日本、中国都是如此)。与此相联系的,则是在日本及其占领区都极力排除并破坏"贴上国际标签的"各种事业和思想,而古老中国在战争紧张状态下也出现若干传统的傲慢与排外的情结。

民族主义的增长还表现为"以异常强度维护文化上的自信",包括维护本土固有的"完备的和高于一切的"古老宗教,日本神道教就是一个突出的例证,佛教在日本与中国亦在维护并深入人心之列。与此相关联的则是在教育与所有交往中对本土语言的强调,远东地区英语流行的某些状况是暂时的和表面的,中国尤其如此。日本也把英语降低到第二外语地位。其结果便是英语阅读与口语能力明显低于十年以前,从而增添了文化教育交流的困难,一部分传教士甚至因此不能从事教育与医疗方面的专业工作。

贝德士还注意到,由于1918年以来一系列世界性事件和1931年以来远东国际关系变化的严重挑战,西方民主社会及其文化的威望已经有所下降,而"俄国共产主义和纳粹法西斯主义社会的和心理的凝聚力"在中国和日本都引起广泛的兴趣。在远东,废除治外法权虽然颇受欢迎,但迄今为止其反应可能并非有利于它的真正价值,而中国还面临着严重的内战危险。对于日本来说,战争的失败意味着"肢解和压迫",也许未来会发展到不愿"重新恢复同其他社会有益的相互交流"。总的发展趋势是:对于和平、兄弟情谊和包括基督教在内的国际组织的信心动摇而怀疑增长。

除了以上文化、心理方面的负面效应以外,还有经济方面的严重问题。战争造成的巨大损害,教育与社会福利状况的恶化,更增加了战后文化教育乃至社会福利事业重建的难度,基督教自然也不例外。

尽管难以清晰预见未来几十年以上趋势发展的广度与深度,但贝德士对远东基督教的传播仍持积极态度。他过分乐观地认为:"对差会和其他建设性文化事业的需求保持不变。在中国和远东其他地区,通常的教育需求,特别是初等、高等和成人教育,几十年内不可能被公立教育及现有的私立教育所满足。卫生服务在某种程度说来发展尚佳,但远远不能满足众多人口的需要。社会改革与福利活动刚刚开始。通过邻里自愿合作建立社区极为需要,城乡都应如此;警员或官僚的命令不能取代公共领域自由合作的价值。旧的社会结构的破裂增加了个人对信仰的没有终止的需求,即美好生活是存在的,朝向信仰的努力具有被深切认可的普遍性质。……友好情谊支撑的信仰,现在需要,将来也需要。"

面对这样的形势,贝德士对北美差会和传教士提出若干极为中肯的建议,其中最重要的一点即必须加深对东方人的理解。他说:"北美人需要有关东方人的更丰富更深刻的知识,这种知识是在尊重与同情地赞赏他们之中建立起来的具有高度精神和文化价值的基础上,在与可以信任的中国人友好合作的基础上发展起来的。他们需要通过美国人和东方人信赖的代表,不断重新了解这些遥远的人民的进步,困难与人性。"

贝德士以宽广的胸怀主张北美人应超越国家与种族的界限,为国际组织和国际关系提供公认的道德标准。而差会则定位为一个主要代理机构,走进世界伦理与世界社区的需求将通过他们逐步实现。他认为："世界范围内基督教社区的经验和潜力,对北美与对中国和日本同样有价值,他们也参与或观察了这些社区。在适当的国际环境中,差会最佳因素的发展及其缺点的纠正,对于北美与远东的文化的乃至整体的关系都有更大的意义。"

贝德士是一个真诚的基督教和平主义者,他是这样想的,这样说的,也是这样做的,南京安全区国际委员会所做的一切已经证明贝德士和他的亲密同事们的崇高品格。他在那样艰苦危险的环境中已经发出"给全球以和平,给人类以慈悲(Peace on Earth, Goodwill to Men)"的诚挚呼唤。而在本文的末尾,他再次高呼:"和平压倒一切!"并且语重心长地指出:"差会在文化关系中的长期前景,深深依赖于和平的实现,真正的和平,以互利为原则的国际自由合作。军事极权主义,无休止的冲突和贫穷,将使差会应该做的工作付诸东流。对于中国、日本和北美而言,战争的结局是一个主要的决定性的环境,而差会必须在这种环境中工作。"

从上述内容可以看出,贝德士虽然未能完全摆脱西方中心主义与北美历史使命论的影响,但却是一贯真心实意力求平等对待东方人,并且主张全面深入地理解东方文化。三年以后,华中大学校长韦卓民在纽约发表题为《基督教会植根于中国土壤》的著名演讲,他作为一位中国神学家也表达了类似贝德士的见解:"我们承认基督教真理的本体是绝对的,但是基督教的作用的显现或表达(expression)并不是最后的。一直要到所有各类型文化在吸收了大部分人类积累的精华之后,归向于主,才算是最后的显现或表达。"①

---

① 《韦卓民博士教育文化宗教论文集》(沈宝环译),台北华中大学韦卓民纪念馆,1980年,页117。

他站在中国人的立场,主张以东方较为古老的文化解释基督教,并且认为最重要的是要"体会那种文化的精神"。他还有一段似乎已被多数人遗忘的精彩话语:"中国人需要基督教,而教会也需要中国人。当我们以中国文化来解释基督教教义的时候,由于中国人的重视,我们宗教新展望,也会超于显赫。我们将会产生一个中国神学,就像过去有希腊、拉丁和欧美的神学一样。"①

在 1946 年,韦卓民对中国基督教的前景似乎较为乐观,他充满信心地说:"一个新的光荣的日子已露曙光,特别是对中国而言。让我们提起精神,为神奉献,并且推动伟大的神的事工。当我们中国基督徒追怀年代湮远的传教士光荣的成就时,我们充满感激之情。但是我们应召在他们过去建立(的)良好基础上,展开新的事工,求神的保佑,我们能建立一个在他们那个时期里梦想不到的超级结构。因为他们虽从信仰方面颇有成就,但是他们并没达到目的,容我来说,那就是将中国基督教化,将远东拥有世界最悠久历史的这个伟大国家的优良文化,带到主的圣坛前,作为对主的奉献。"②

怀着与韦卓民同样的抱负与追求,贝德士于 1945 年前往成都,继续在业已西迁的金陵大学服务。抗战胜利以后,他又奉命率先前往南京,代表学校收回全部校产并筹备金大返宁复校。1946年他曾前往东京出席国际军事法庭为日军南京大屠杀罪行作证。繁忙的行政、教学工作与纷至沓来的社会活动使他心力交瘁,特别是在南京沦陷期间所蒙受的严重心灵创伤,迟迟难以平复。更为

---

① 《韦卓民博士教育文化宗教论文集》,页 137—138。
② 同上,页 137。

重要的是他业已发现中国战后的国内形势日益恶化,基督教在中国的前景不容乐观。他仍然拖着疲惫的身躯与内心的焦虑勉力工作,但终于亲眼看见曾经在南京存在 22 年的国民政府土崩瓦解,蒋氏父子仓皇逃往台湾;随即又亲眼看见人民解放军胜利进入南京以及其后举世为之瞩目的中华人民共和国的建立。贝德士曾经期望仅仅作为历史学教授继续在金大校园服务,但随着朝鲜战争的爆发与中美关系的急剧恶化,他终于不得不在 1950 年返回美国,紧接着便是中国基督教会彻底割断与外国差会的一切关系,而教会大学也即随之从此绝迹于中国大陆。

也许我们可以认定贝德士对战后形势作了错误的判断,但那却绝不是他和其他真诚的外国传教士本身的过错。国际风云瞬息万变,政治家脑筋里主要盘算的是力量与利益,宗教无非是他们可供利用的工具之一。贝德士们虽然一贯标榜宗教自由与政教分离,但宗教毕竟很难摆脱政治的摆布,更无从改变北美的全球战略。贝德士后来曾回忆说:"基督教的作用在战时变得重要起来,作为帝国主义被反对的情绪被平息了。1943 年不平等条约的废除和基督教徒担任救援任务受到重视,特别是帮助伤兵和为数众多的难民。因此,中国的基督教徒和传教士,有理由期望战后新的基督教工作的热潮,而内部的条件如此有利。唯一的危险则是过分认同这个蒋介石领导下的国家与政府,但这种认同与合作此后仍旧可以看到。"①这番话不仅表明贝德士的比较理性与清醒,而且还体现出牛津、耶鲁出身的历史学者的优良素质。但历史学者

---

① M. S. Bates, *Gleanings-from the Manuscripts of M. S. Bates*, edited by Cyrthia Mcllean, New York, 1984, p. 93.

只能记录历史却不能更不允许改变历史，我们不必对贝德士作任何苛求。他撰写的这篇《差会与远东文化的关系》至今仍有深入研究的价值，我们可以从中汲取许多有益的精神营养，不仅是对于基督教海外布道的研究，而且是对于当今国际格局下人类普世伦理的艰苦构建。

巨大的流产：

贝德士与中国基督教史研究

　　1983 年,在贝德士逝世 4 年多以后,美国基督教全国委员会中国项目主席富兰克林·J. 吴(Franklin J. Woo)充分肯定:"贝德士教授与基督教全国委员会的中国关切(项目),有 25 年以上的密切关系。在许多对中国众说纷纭的场合,他提出问题、陈述事实或回忆灾祸,被公认能够为讨论提出评判的尺度。准确性与宏观性是贝德士研究基督教奋进在中国的优点。从 1920 年开始,他在中国整整三十年,(此后)他在纽约协和神学院讲授世界宗教,直至 1965 年退休。"①

　　实际上,他在南京金陵大学历史系教的都是中国政府颁布的教学计划以内的各种史学课程(中国史除外),直到 1950 年在纽约协和神学院任教以后,才开始研究与讲授中国基督教史(作为世界基督教史的一个部

---

① *Gleanings-from The Manuscripts of M. Searle Bates*, New York, 1984, p. 1.

分),而迟至 1965 年退休以后才着手撰写《基督徒奋进在中国社会
1900—1950》这部计划中的鸿篇巨制。

一、准备工作

也许,在协和神学院的教学生涯,都可以看作贝德士为撰写中
国基督教史作准备。因为,他虽然是一位资深的传教士教育家,但
并未受过正规系统的神学教育,更不用说这方面的深入研究。再
则,他虽然在美国被公认为上乘的中国通,但他在金陵三十年却从
未教过中国史课程,也没有从事这方面的专门研究(他的研究仅限
于与中国相关的当代东亚国际关系)。所以,在协和神学院的 15
年任教,不仅足够地弥补了神学素养方面的缺憾,而且还由于同时
参与哥伦比亚大学东亚研究所的讨论课程,更为深化了对于中国
社会、历史与文化的系统理解。可以认为,这两方面的进步,使贝
德士成为当代少数最优秀的中国基督教史专家之一。

特别是 1954 年底,贝德士应邀参与美国基督教全国委员会海
外布道部远东联合办公室主导的"基督教在华事业"(The Christian
Enterprise in China)研究专案并担任顾问①,此后他更为抓紧此项
研究。晚年的贝德士,不仅为此指导若干专题研究,搜集相关文献
资料,而且还不厌其烦地回答许多年轻中国基督教史研究者的询
问。例如,仅为倪维思研究(Study of the "Nivius Method")一项所

---

① National Council of The Christ in the United States of America, Division of Foreign
　Missions, Far East Joint Office 给贝德士的信(1954 年 11 月 22 日)。见耶鲁藏
　档:RG10,B7,F120。

准备的文献目录与简要笔记即近 30 页,而给年轻学者的论文复函(包括学位论文审阅意见)之多更难以数计。[①] 所以其老友 M. O. 威廉称之为"难以数计的博士候选人与其他有关中国问题作者的顾问"[②]。

在这十多年中,贝德士为自己的著作做了大量资料工作。根据 W. O. 威廉整理遗稿结果,可以概述如下:

1. 花费 10 个夏天和整整 7 年时间,为几千种书籍、文章、宣传品制作索引卡片,并简要提示其价值或预期增长的价值。

2. 为全部《教务杂志》(*The Chinese Recorder*)、《中国教会年鉴》(*Chinese Mission Yearbook*,1910—1972)、《教会国际评论》(*The International Review of Mission*,1890—1939)、《中华基督教会年鉴》(*The Chinese Church Yearbook*,中文版,1912—1937)、中国和世界主要相关会议文献、中华续行委员会(China Continuation Committee,1913—1921)和中华全国基督教协会(National Christion Council,1922—1950)的各类文件,还有其他约 200 种文献(包括中文),部分中国领导人的著作,中文期刊选录,各个教会、团体、机构的历史,许多学位论文与学术文章,未刊文稿选录,信件与口述历史抄件,做了大量索引或笔记。

3. 在广搜博采大量资料的基础上,贝德士还初步草拟了按时期区分的撰写纲要,兹列举于下:

(1)世纪交替期间教会在中国的奋斗,1890—1906(131 页)

(2)基督教活跃的进展与传统中国的年轻教会,1907—1922

---

① 见 Bates paper,B13 F218,B9,F171 等件。

② *Gleanings*,p. 11.

（603 页）

（3）中国基督教社区的成长,在一个民族蹒跚于危机中的教会参与,1922—1937（1882 页）

（4）在战争与革命浪潮中的事工及幸存,1937—1950（648 页）

（5）回顾与诠释,1950 年及其以后（20 页）

这批手搞总共 3284 页,而且他在临终前还把第一时期（1890—1906）的纲要草稿加以修改（亦有 474 页之多）。

应该说明,以上这些浩繁的准备工作,都是这位老人独自完成的。直到 1973 年 3 月,贝德士经由费正清从当代中国联合委员会（Joint Committee on Contemporary China）获取 5000 美元资助,才雇用了一个全职打字员与一个兼职研究助理。所谓兼职,即每周工作 10 小时,仅限于协助到图书馆查询并核对资料。[①]

二、贝德士与赖特烈

赖特烈（Latourette, Kenneth Scott, 1884—1968）是贝德士的老师,更是中国基督教史研究的前驱与榜样。1921 年赖特烈已经在耶鲁大学任传教学教授,而贝德士来到金陵还只有一年。1933 年贝德士到耶鲁大学攻读博士学位（相当于现今的在职博士生）,赖特烈早已兼任该校远东史教授,正好与贝德士的学位论文专业对口。1950 年贝德士开始任教于纽约协和神学院,与赖特烈相距甚近,而后者于 1953 年退休两年以后曾到协和神学院任客座教授。

---

① 耶鲁藏档:RG10,B6,F107。

所以,贝德士返美以后,在中国近现代史研究方面最亲密的合作者虽然是韦慕庭(Wilbur, Clarence Martin, 1908—?),但在中国基督教史方面却是费正清与赖特烈。

赖特烈于 1968 年病逝。第二年 7 月,贝德士在《国际教会评论》上发表《基督教的史学家,基督教史的撰述者——纪念赖特烈 1884—1968》一文,对这位著名学者的崇高品格与学术贡献作了详尽的评介。他强调指出:"没有人比赖特烈为研究与记述基督教做得更多,他为基督教事工贡献之大超出我们通常的计量。"赖特烈是一位多产作家,其著作销售量据说已逾一百万册。其中,贝德士特别推重:1929 年出版的《中国基督教史》(*A History of Chistianity Mission in China*,共 930 页),评语是:"40 年来在任何语言中未经总体更动、修订或扩充";1953 年出版的《基督教史》(*A History of Christianity*,共 1516 页),评语是:"在这里,教会史——制度、领袖、观念,已被延展到世界各地,并与人文环境全方位的互动";1937—1945 年陆续出版的《基督传播史》,评语是:"不仅为我们所熟悉而且为同时代人所重视。"此外还有 1946 年出版的《远东简史》(*A Short History of The Far East*),1964 年已出至第四版,评语是:"在唤醒美国人关注远东生活方面,还没有其他学者产生如此巨大影响。"

贝德士认为:"赖特烈全部著作的特征,表现为训练有素的历史学家严谨地探索事实并且尊重事实。同时,他在领域以及有意义的情境、事件、人物的选择与诠释方面,又承担着基督教的见证。这种双重性或艰难的统一,是他伟大的事奉并且构成他的核心问题。"

回美国以后,由于长期讲授与研究基督教史,贝德士已经不再是一个虽然是基督徒但却未能具备足够神学素养的世俗历史学家。在对于赖特烈的学术评介中,我们可以看出他着重考虑的是:作为基督徒的历史学家,对于历史怎样进行基督教的理解(the Christian understanding)。

所谓基督教的理解,贝德士用自己的语言来表述赖特烈的思想:"作为造物主与权威的上帝,允许人类有少许自由意志(free will)——经常滥用于悲剧。上帝通过审判与恩宠发挥作用(在其他宗教中也有某些类似的)。显然这是基督教诠释历史人物与历史事件的核心。"这与俄国历史学家别尔嘉耶夫在四十多年以前所说的一段话略有相似之处,后者认为:"基督教不仅肯定自由,把自由作为一种高尚的成就,作为神的高尚的理性的胜利;而且肯定另一种自由,即决定个人命运和人类命运、创造历史的自由。"[1]这"另一种自由"当然只能属于上帝,而人类之所以获取少许自由也正是这"另一种自由"发挥作用的结果。

赖特烈认为:"基督教的理解使历史学家通常的观念与程式得以摆脱。(1)人们经常依赖事件与价值之间的比较,而它们往往被文献忽视。(2)集中于关怀人,包括个人与群体,而不是政治。(3)同样,关心人类的合作。基督教的上帝之国观念对每一个世俗政权都给以建设性的挑战。(4)基督徒及时生活与工作,但以来世的远眺超越它。"

作为基督徒的历史学家,赖特烈谦逊而又不无自信地说:"历史学家……不能最终显示基督教对历史理解的有效,但他可以使自己的洞察力具有极大的可信性。"

---

[1]　别尔嘉耶夫:《历史的意义》,张雅评译,学林出版社,2002年,页87。

当然,赖特烈并非认为自己的著作完美无缺。他在《中国基督教史》的序言中说:"作者是一个西方人,在教会生活中或许不能把中国人作为他们的一个部分给以足够注意。同时他也不可能进入中国人的宗教经验并给以完满的理解。因此,有意地把此书取名为'在华基督教差会史'(A History of Christian Missions in China),而不是'中国基督教会史'(A History of the Christian Church in China)。期望将来会有某位中国学者从后面的角度叙述这段历史。"此外,赖特烈史料征引的局限与编纂体例的缺失,也是很明显的。

贝德士晚年所做的工作乃是赖特烈中国基督教史编纂的继续。他除了将历史时段的下限从 1926 年延伸到 1950 年以外,还刻意把上限定为 1900 年,因为这 50 年乃是基督教在中国发展最重要的半个世纪。他给费正清的信明确指出:"不要太集中于研究 19 世纪的早期新教差会,而对 20 世纪的差会活动极少涉及。可以肯定,1890 年以后差会在范围和影响上都远远超过以往。"同时,贝德士还强调宏观研究和视野宽阔,他讽刺有些就事论事的论文,"几乎成了一个世纪庞杂而变幻的背景中的地区快照"。当然,他并非完全否定"地区快照",而是要求"把快照置于一个更广阔的背景里和更长的时间范围内"。他坦率地说:"我总是试图从整体上来理解基督教事业,包括它与中国社会及文化的关系。这使我十分反感某些世俗的历史学者和社会科学学者对史实生吞活剥,以漠然而消极的态度从整体的史实中抽取一些零碎的内容编成较为圆通的历史。"①

---

① 见《贝德士与费正清来往信札》,载于《基督教与中国文化丛刊》,湖北教育出版社,2000 年,页337。

贝德士曾在 5 页纸的备忘录上,具体表述了自己的奋斗目标:

"第一,建立一部实录,尽可能不仅从新教徒奋进自身的内部,而且运用经过严格审视过的实际标准、外在因素与判断。

第二,提供具有参考性见解的陈述,或可有助于对于过程与前景、基督教与世俗的专门研究。……阅读公众,特别是教师,需要对于基督教在华事业的通盘图景,借以理解与评价社会科学家为了自己专业意图而掌握与展示的断片。

第三,为我们自己专业归属的领域适度贡献若干历史框架:(a)对于世界基督教史中的中国因素,对于人类经验中的基督教信仰与基督教社区的全面了解。(b)寻求一种观察中国现代化过程中的基督教因素的可靠视点。(c)寻求对于基督教国际与各种文化之间关系的真实经验的理解。"①

由上可知,贝德士的撰述不仅限于继续赖特烈的工作,而且是颇思有所扩充,有所延展,有所革新,有所超越。M. O. 威廉曾为此总结说:"这里不是'差会'的历史或是'教派'与'教会事业'的历史,尽管包括了所有的它们;这部著作囊括'基督徒奋进'的整体——外国的与中国的组合更甚于人类的努力。这是在'中国社会'之内;不是在一个地方,而是在一个关系纷繁的民众之中,他们的机构,他们的历史与文化承续之中,以及他们所曾经过的事件之中。"②

---

① *Gleanings*, p. 5a.
② *Gleanings*, p. 12a.

三、提纲与试写稿

贝德士曾经写过一份名为"关于分期问题与材料组织"的备忘录,实际上就是他为自己设定的编纂工作的导向。

贝德士最初认为,大体上按 10 年划分时期最便于组织材料与表述历史,但经过反复思考终于确定如此主要分期方案:1895—1907、1907—1922、1922—1937、1937—1950。他强调说:"我们不想利用某个现成的历史年历的分期,然后把基督教与中国的史事强塞进去。"所以,他没有用 1911 及 1912 或 1928 作为分期标志,因为,从帝制到共和以及国民政府的建立,其本身并不意味着基督教运动的重大变化或与此相应的变化。他择取 1907 年作为分期标志,因为"1907 年的 100 周年会议(Centenary Conference),以及有关它的资讯的聚集,标志着基督教发展的一个重要阶段"。而其后一个重大转折点则是 1922 年,因为"1922 年以后,直至 1937 年日本侵华战争开始,在基督教内部没有一个(堪称)决定性变化的单个年代(Single year)"。①

由此可见,贝德士对于历史时期的划分,着重考虑的乃是如何以基督教发展变化的阶段性特征为主要依据。当然,他同时也注意外在环境发展变化的关联性,所以明确指出:"草拟大纲必须提供基督徒努力的连续阶段,每一阶段都充满复杂的活动与问题,并且表现中国背景的繁复变化。时期的选择必须是可以实现的,试

---

① *Gleanings*, p. 16 a.

图发现基督徒表露的各种明显特征,以及奋进于其间并且为之而奋进的中国社会的基本特征。"①

贝德士在确定分期大纲以后,还为各个时期拟订了相对统一的"组织材料与草稿的试用标题",兹抄录如下:

A. 国家情境,基督徒奋进其间

　1. 社会,政府,法律

　2. 思潮,教育

　3. 宗教

B. 基督徒的奋进,做什么?

　1. 纵观,合作,联合

　2. 教会;自立(Self-Reliance)

　3. 差会

　4. 宗旨,政策,适应,交往,社会——伦理关系

　5. 神学与基督教思潮,与中国宗教的关系

　6. 计划,方法,妇女,边境,部落

　7. 福音主义,革新

　8. 宗教教育,主日学校,神职人员培训

　9. (世俗)教育,学院,大学

　10. 事工:医药,社会,男女青年会

　11.《圣经》,文学

　12. 中国基督教社区,领袖人物

　13. 外交关系:传教士,派遣地,中国的报告与陈述

　14. 天主教徒

---

① *Gleanings*,p. 19 a.

15. 其他,分类

C. 概要解析

约摸是在 1975 年 3 月以后,贝德士依据自己初步拟订的提纲,开始试写了一部分粗略的草稿。M. O. 威廉经过整理与阅读曾有如下比较清晰的记录,兹转引如下:

基督徒奋进在中国社会 1900—1950

第一部分

基督教事业在世纪转换期 1890—1906

满汉帝国的衰落与危机

改革试图

A. 中国情况(65 页)

1. 社会与政府

面积,人口,区域,历史;与列强对抗及导致屈辱,家庭——力量,问题,妇女地位,缠足,鸦片,贫穷。传教士记录的中国人性格(traits)大多关于儒教的情况与实践。有完整注释。

MOW 注:论及缠足与鸦片,Bates 既提出问题,又谈到传教士如何试图带来改变,是否其后改革并不理想。

2. 政府与法律关系。全部注释(81 页)

中国宽宏的假象遭到挑战;19 世纪早期禁止天主教;限制,有限的宽容;1858—1860 条约,传教士居留问题,旅行,财产。某些赞许的态度,基督教与士人及官吏的接触。

中国保守派的改革,教会企图了解与适应,1906 展望。(以上共计 161 页)

3. 文化冲突。对于革新的抗拒。注释(15 页)

领导层士绅(Scholar-gentry)遭到批评与不实的指控。外来的基督教,祖先崇拜的冲突,关于女传教士的冲突。21 页草稿的注释。

MOW 注:对此处 Bates 草稿,我们称之为 α,有注释;然后他重写并压缩,是为草稿 β,没有完整注释,或许可以直接由 d 转移过来,在上述中国情况部分,他把开头 57 页压至 47 页,对此必须加 18 页(α 的 58—75 页),d 草稿提供的页码,仅是 d 在 1979 年 3 月 26 日无法移入 β 草稿之时。

MOW 注:文化再冲突:

此处冲突似乎大多来自敌对的立场。冲突出现于同情与有兴味的经验之中;对于整个新的线索,他(或她——指研究者)必须懂得如何回应;新的课题,新的结构与模式,新的价值?

4. 改革与改革者。帝国主义侵占危机(5 页)

中国对外在世界的无知,无法应付被迫的变化,中国的改革者们:康有为,梁启超,谭嗣同。侵略加深(或可译为瓜分狂潮 Mounting encroachment)——甲午中日战争,德国与胶州事件,普遍的威胁。

正统作为决定因素与压迫者　笔记?(18 页)

官方的看法?孔学志在控制一个有秩序的社会;异端被视为叛乱、宗派(Sects)、违法,正统要求。

太平骚乱被确认为这一事实。注意这 18 页,上有标号,但无位置。(70 页)

反动与震动　注意,不完整

敌对加剧,义和拳兴起,暴力,死亡;中国基督教徒的信仰

注意:标题 4 有关页码(本续为 1—134,一页有 a-e,有些笔记未放在这里。)

5. 中国保守派的革新 1901—1907 笔记?(33 页)

这一时期的趋向,传教士及领事与中国政府,保护谕旨,宽容的进步,1907 年百年会议纪念。

注意:手稿似乎叙述它们,笔记仍缺。

B. 基督教的努力:活动与实施

1. 概况介绍(48 页)

缺笔记。数目:教会成员,传教士,社团,董事会,教派,成长,适应,活力,自养(Self-Support)

概要:继续开拓

2. 差会与教会 缺笔记(15 页,以上总共 201 页)

3. 差会发端;"三自"的早期构想——(自养、自治、自传)。本地领导发展中的问题与挫折;早期教会组织。(17 页)

注意:23 页早先的手稿可用。

4. 主要宗旨,政策,适应 缺少笔记

步骤,争论与适应:宣言,和解,基督教文学,科学与教育,对待异教风习;教徒与非教徒婚姻,纳妾

5. 基督教思想:关于中国宗教 无笔记(21 页)

需要更多理解的认同。考验:交流以传递资讯给中国人;发现中国传统的好处;祖先祭祀问题,从 1890 年会议到 1907 年会议,宽容的增长。据传(只有)一个中国人扮演重要角色

6. 方法与专案:边民与部落 少许笔记(33 页)

集中或扩展;三自;优先发展中国人领导及其问题。

T. Richardson 的研究摘要;赈灾

合作:合作与联合项目,团结(Comity),成员转移,城市传教士协会,1907 年号召联盟。

7. 福音化,成长   无笔记(17 页)

确认中国人对中国人见证的成效,走向教育;H. Taylor 的"告一切被造之物(Creature)",缓慢,谨慎的模式,边民与部落,缓进模式,审慎从事福音化。还有 10 页关于福音主义与教会;9 页"Additions to the Nevius Debats"("倪维思辩论续集")可用。

8. 宗教教育,员工训练   无笔记(24 页)

职员,成员都需要教育;阅读需要,学校与学院的圣经教学;集体或家庭对妇女的特殊传教,大量需要中国传教士,1907 年会议决定

注意:以上连续 167 页

附加手稿,有关上述几个题目,"传教士与教会"作为他们自己提出的问题,如何发展教会? 如何发展中国领导人? 如何达到"三自"目标? 需要承认,"家长主义与文化优越感"存在于部分传教士中   逐页笔记(22 页)

9. 教育:学校与学院   缺笔记(54 页)

全貌;1890—1906 教育考察专案,除旧布新,极端注重教育,但问题仍多;缺少中国教师,教科书翻译,与政府的关系,教育宗旨与目标的争论,英华学校,女子学校;1900 年 4 所真正的学院,改写(他的最后写作)仍缺笔记。附加:"教会学校与关心教育"从表列 12 题教育手稿开始;他又加 33

页"补充笔记"

10. 服务：医药，社会，YMCA，YWCA（13 页）

医药保健工作，中国的民间信仰与实践，作为基督见证的保健服务，医生示例及宗派工作，缺笔记，手稿与参考资料可用。还有标题手记有关早期努力、训练中国医务人员；医学研究，医学著作的贡献

注意：这里似乎与农村或社会服务无关；禁烟与反对缠足的努力在这里。

11.《圣经》，基督教著作   关于努力翻译与散布圣经的少数笔记，运用人民的语言——方言与"普通话"其他变化的意义，部分进程似乎未曾完结，附加标题手记有关基督教著作，翻译神学术语，对于所有 CL（基督教著作）的分发，赞美诗书籍的生产。（22 页）

12. 中国基督教社区：对于基督教传布的中国反应——改变信仰的困难，几个早期中国传教士；中国女基督徒、士大夫对传教士与平民的态度   完整笔记（24 页）

13. 传教士——选择生活的方位（Aspects）   有笔记（14 页）

工作条件，房屋，仆人；与爱护教会的中国人员在经济、文化水平上的差异（Gap），贫民的信仰——失望于政府，加深理解中国文化。附加标题文献可用

14. 15. 未发现草稿

C. 基督徒奋进的趋向

18 题与 B. 1 重复，概述也有两处文献的重复。

关于趋向的补充笔记   少许笔记（62 页）

19 世纪基督教发展的结束:全貌,宗教,教派,如他们所记述,中国圣经的价值,YM 与 YMCAS(应与上面 B10 合并)——如有关特殊群体、部落的笔记。

1907 年间的进一步趋向与解释

少量笔记(36 页)

全国不同主题的较多报告,少许用以组合专案(item);

1900 年全基督教(Ecumenical)会议,1907 年百年会议,对义和团时期的内省(Reflection),教友(Communicants)数目,包括天主教,叙述某些书刊,仍无完整笔记。以上笔记:多数似为杂件,若可置于其他标题,保留这一部分作为粗略宏观综览。(213 页)

(以上总共 541 页)

可能作为附录的笔记:

已知 Dr. Bates 希望有重要资料作为附录。1979 年 3 月 27 日查阅这部分文献,未涉及这一领域。

又已知他曾努力收集与校正中国基督教领袖们的名字与小传——此处有许多可用资料——并提供有关传教士的资讯,进一步查阅并利用这些个人资讯是有意义的。(MOW)

第二部分　1907—1922

基督徒奋进在中国社会

A. 基督徒奋进的国内环境

1. 社会,政府,法律　完整笔记,多数到 1915

综览,主要是社会的,传统政府的演变,共和宣言,政府中的平信徒(Christian Laymen),新秩序的意义,宗教自由,爱

丁堡会议报告中的中国。(65 页)

2. 思潮:教育　完整笔记

热衷于新知识与新观念;批判的、开放的新文化运动与五四运动的自由主义

新民族主义。(38 页)

3. 宗教　完整笔记

对于中国宗教的新知与理解,侧重孔教;基督教研究(11页)

B. 基督徒的努力

1. 综览,合作与联合　有笔记

很好的概述,有关教会和若干教育发展数字共 25 页;其余是关于合作与联合。(50 页)

2. 教会及其个性(Selfhood)　有笔记

1907、1913 会议报告,《中华归主》("The Christian Occupation of China");增进中国的理解;"三自"问题;宗派与独立教会向个性(Selfhood)发展。(38 页)

3. 作为工作团体的差会

某些团体的结构与工作;1922 年考察;教会为其全部任务准备的目标。(15 页)

4. 目的,政策,适应,社会——伦理的关心　笔记

叙述教会与学校的目的;关于社会的邪恶,YMCA1914 年关于社会情况的报告,逐渐醒悟转向中国领袖之需要。(27页)(以上总共 244 页)

5. 神学与基督教思想　笔记

对于中国宗教价值的承认,如何使基督教更加本土化

（indigenous）;诚静怡领导的中华归主运动（China for Christ Movement）,大多数传教士的主张(29 页)

6. 专案(计划),方法,特殊群体　笔记

圣书赠送者（Colportears）,救灾,学生争论,妇女困境与妇女先驱;边疆与少数民族工作。(18 页)

7. 福音传播与宗教复兴（Revival）　笔记

冯玉祥的信仰转变（Conversion）,中国的福音主义者,穆德（Mott）与艾迪（Eddy）在学生中,阅读能力（Literacy）与布道,Chinese Home Missionay Society,"不毛之地"考察。(17 页)

8. 宗教教育与人员培训

培训学校,包括妇女学校,早先主题文献提及的主日学校资讯。(9 页)

9. 教育:教会学校,学院与大学　笔记

综览,政府改革与学校,各方面与政府的关系,教育的大概念（Broader Conceptions）,英文与中文的运用,教会学校概况,巴顿调查团（Burton Commission）,学院,适应问题,女子学校,学院与大学,实业教育,教会学校与其相关;来自其他报纸的听闻。(56 页)

10. 服务:社会,医药,农业,YMCA,YWCA　关于团体的笔记,《教务杂志》所记述的社会服务概览,医药工作:概貌,宗派差会,医生个人经验,训练医护,China Medical Commission,协和医院（PUMC）与洛克菲勒基金,护理,(到页 105 止)YMCA 与 YWCA,华工营（Labor Battalion）,晏阳初（Jimmie Yen）与识字、体育（physical education）(135 页)

11. 教会书籍与圣经　有笔记

中文运用水平,季理斐(MacGillivray)与基督教书刊社(CLS),出版社考察,基督教出版协会(Christian Publishers Association),T. T. Lew1922 年首先陈述,"China Bookman"书目;圣经,翻译质量,传布,季理斐与发展中国作者。(33 页)

12. 中国基督教社区　有笔记

基督徒领袖与著名人士,家庭,改革趋向加强,孙中山(26 页)

13. 外部关系,传教士,本国基地　有笔记

传教士素质,天主教关于德国教士的报告;废除不平等条约的可能,Lenon 的《传教士的健康》。(44 页)

(以上总共 603 页)

第三部分　1922—1937

基督徒奋进在中国社会

1979 年 3 月 23 日查阅,贝德士在这一部分已连同史实与研究写进草稿(Working Drafts),许多笔记包括于写作内容,有些地方,特别是高教部分,写得似乎冗长,不如 Alpha of Period Ⅰ 精炼简洁,幸好 A1、B1、B9 某些资料,以 Beta documcat 形式重新写过。初步判断认为:(1)史实——他研究的结果——与他的许多判断并存;(2)基本结构在这里压缩改写,组织较好与简要,各部分也更均衡,以备出版。(MOW)

　A. 基督徒奋进的国内环境

　1. 社会、政府、法律　有笔记

两部分文献,有些重复,亦有分别:——民族主义与排外主义的兴起,五卅 KMT 与革命运动,对教会的压力,传教士的态度,政局的发展变化,教会与政府(到页 55);反基督教运动——各个方面——宣传,游行示威,来自国共双方的压力(到页 143);社会情况与问题,产业工人,妇女困境——关于社会、经济、文化状况与问题的进一步报告,公立与教会学校(163 页)

2. 思潮,教育 有笔记

在 1922—1937 时期,大部分把 1922—1927 放在首位,然后才是 1928—1937,贝德士首先决定并依照的逻辑顺序。这是建议我们更靠近他早先的而不是随后的更接近完成的手稿,这种时间区分已有标记(MOW)

评论,著作与思潮,例如西方自由主义的影响,进步的教育,激进的思想,学生运动等等。(87 页)

3. 宗教两稿 有笔记

宗教在中国社会,继承传统与现实表现;对理解基督教的影响。研究与反应的报告;中国宗教及其与基督教的关系,文献是零散的。(29 页)

(以上总共 441 页)

B. 基督徒的努力——活动与兴趣

1. 概貌:合作与联合

文献目录,有些重复,但一般是明晰的资料。组织问题:这里有些报告似可移随后的 Special Area? 首先:发展的延续,利用 NCCC1922 与 1927 年的报告,Fact Finders Report, Layman's Foreign Mission Inquiry;中国社会的重要性;地区与宗派的报告,"纵览"——讨论以探索最好的材料安排,概况,面临问题,挑战,临近发展,采取行动,"教会事业"——考察基督徒广泛的努力,对于动机与动力的注意;私人与宗派的报告。(233 页)

2. 教会,它们的发展,自信(Self-relianle)　有笔记

教会综述,与差会关系,地区与教派群体的调查;1928—1937 多于 1922—1937(27?)几个完整档(119 页)

3. 作为工作团体的差会　有笔记

史实与研究(有些与 B2 重合),17 页有关 CIM,然后是 Lutheran Boards 及少数其他,不完整(28 页)

4. 目标,政策,沟通,调整　有笔记

调查——这一领域的事实与研究(74 页)

社会伦理的关心——鸦片,饥荒,压迫,童工,妇女困苦(92 页)

5. 神学与基督教思想,中国宗教　有笔记

中国基督教徒写作与争论的报告,多为赵紫宸(11 页)

圣经联合会的争论(基要主义)

注意:这里有一平行文稿,108 页,可能是早先手稿,不全(以上总共 602 页)

6. 计划,方法,特殊团体　有笔记

"史实与研究"合在一起;前 15 页关于财政与仰给;然后 48 页涉及 1928—1934 广泛范围;35 页关于 1935—1937 少数民族与边疆,7 页(No.22-28)来自别的文献。(110 页)

7. 布道与宗教振兴　有笔记

概貌,城市布道,农业地区,the Clark Evangelistic Bands,报

告与评估 Also to of 39 pp.（10 页）

8. 宗教教育,主日学,人员培训　有笔记

更多的史实与研究,重新审视并结合,也有 32 页铅笔早期标题手稿"宗教教育与人员培训"有重复,某些清晰资料,例如 F. W. Price（毕范宇）. Field with Working Draft 页码不全(51 页)

9. 教育,教会学校,学院,大学　有笔记

参考附页 1,来自早先工作手稿,宣布"任务"是关于"教育与教会学校"。在这一阶段,(1979 年 3 月 23 日)认为这个总体标题,我们有"概况,目的,非教会学校,小学与中学(前 4 个题目)。高等教育,导言与概述,长短不一关于不同学院的资料,特种学校与教育协会,注册以及与政府的关系。对于变化的反应,教师联合会（Teachers Unions）等。(37 页)

这些稿件似已重写,将胪列于下文,仅将页码列于总数

10. 教育,教会学校,学院,大学(续)

"修改"稿或文献。"教会学校":最近发展与趋向的考察,多数服务于社会,还有高教目的与如何实现。与政府的关系,注册,"相关计划",政策会议,教育经费,"教会中学与季节性小学";学校调查报告,基督教对学校的关心,邻里免费学校（Free neighborhood schools）

"教会学院与大学",侧重趋向与问题的概况;CCHE（中国基督教高等教育联合托事部）关注学院世俗化。(208 页)

注意:文献不包括所有草稿,需要仔细阅读与编辑使之完全明晰。

11. 服务:医药,社会,农村,YMCA 与 YWCA　有笔记

范围广泛的教会医药工作报告:中国人的观念与实践,宗派与地方工作,私人医生,协和医院,更多的医院与工作

农业服务:农业总体情况,教会农业服务,从个人到大学农学系示例;外加 4 页土地权笔记,农田规模。

YM 与 YW:概况,少许历史,活动简述。

可能是早先手稿,但有关于明显特征,需求调查,然后是活动,YM、YW 标题者有 46 页,未记入总数。(360 页)

12. 圣经与教会读物　有笔记

总体考察与报告,有关圣经 12 页,有关 CLS 与教会读物 46 页;MacGillivray(季理斐),另有 44 页似与上面平行。"圣经(第一部分)与圣经社"——圣经对人们与对中国写作语言的影响。(18 页)

13. 中国基督教社区:中国的反应

某些中国基督教领袖与人们(实际上采用最后叙述稿,pp. 19-36);他们的反应:"某些中国基督教徒与他们的观点"。一份标题草稿 1921—1928,30 页,必须注意。(18 页)

14. 外部关系:传教士,国内基地

传教士迄至 1927:分布与年龄,最好的有关书籍,仍然需要;传教士与特权,e. g. 治外法权(18 页)

传教士对中国的解释

有关国内基地的笔记

Ⅲ. 小结与说明

主要是叙述,选择精当,由别人作的;看不出贝德士自己的(以上总共 1912 页)

第四部分　1937—1950

基督徒奋进在中国社会

A. 全国情况,基督徒奋进于其间

　　1. 社会、政府、法律　日本侵略,和平,企图重建,内战

　　严重问题 国民党失败与共产党胜利,有少许笔记

　　注意:很难核对如此完整的纵览。

　　共产党问题:1937—1945;1946—1950　有笔记(56 页)

　　2. 中国思想与宗教(11 页)

B. 基督徒的努力

　　1. 概况,合作,联合

　　基督徒的努力概述;范围,至 1945　有笔记

　　沦陷区,1937—1945;自由区或华西

　　基督徒运动,1946—1950　有笔记

　　此处叙述多数可以归类于后面的标题;认识到清理与合拢

　　的价值。

　　合作　有笔记(125 页)

　　2. 教会　有笔记

　　宗派调查,至 1945,25 页;1949—1951,36 页

　　加上统计资料 14 页,其他 9 页

　　地方教会 13 页;农村教会 29 页(96 页)

　　3.(原缺)

　　4. 目的,政策,社会——伦理关心　有笔记

　　目的,政策,计划 1937—1945

　　社会问题与关注,8 页;合作 1946—1950,6 页

紧急服务 1937—1945

注意:1946—1950 很少(45 页)

5. 神学与基督教思想 有笔记

1937—1945——Madras;其他论文,摘录

1946—1950——更多论文与研究(57 页)

6. 7. 3. :无可归属资料,12. 14. 15 亦然

8. 宗教教育:神学教育 有笔记

宗教教育,教会音乐,强调家庭之内神学教育,中国领袖,统计(490 页)

9. 教育,教会学校;学院与大学 有笔记

学校综览 16 页;学院与大学 10 页

注意:学院处理很不恰当,Bill Fenn 的书提供此题资讯

10. 服务:医药,社会,YWCA 与 YMCA 有笔记

医药——概况,工作,服务,损失

青年会的学生工作

一部分农村教会及其服务,起先放在这儿,已移至 B2 教会(51 页)

11. 教会读物,包括天主教读物 有笔记(16 页)

13. 外部关系,传教士,海外(10 页)

传教士,质量分布,海外数量调查,国际会议;多源自 CEA;报告与文章,亦源于 FMC

C. 小结,诠释,展望

中国人与传教士所肯定的意义,总体与各类工作,问题,Bates 自己反映不足,需标明进一步工作(26 页)

(以上总共 648 页)

以上材料并非《基督徒奋进在中国社会》书稿的正式章节目录,只不过是 M.O.威廉清理贝德士相关遗稿的笔记,所以每一部分都附有威廉自己的评语或说明(一般注有"MOW"字样,但并非尽皆如此)。我录引这份材料的目的,无非在于显示贝德士已经做过哪些工作,以及他究竟想写一部什么样子的中国基督教史(1900—1950)。

人们不难发现,与赖特烈早先出版的有关著作相比较,贝德士未完成的书稿有若干明显的特点:1.时间延伸了二十多年(1926—1950);2.参考与征引的资料,无论从种类、数量还是从史料价值而言,都远远超过赖书;3.不仅在主观上而且在实际上相当重视"中国因素",即贝德士所说的:"更为重要的是适当了解中国的背景与人文环境,或者是基督徒生活、工作于其间的事实。这种中国的人文及整个环境,在很大程度上界定了基督教事业的各种问题,不仅是对抗,而且是持续影响,有时竟压倒了有形的差会与教会。它是巨大的、复杂的、多变的……"①孟心湄也指出:"贝德士的目的,是把这段历史植根于中国背景,其结果便是来自中国社会、文化、政治情况乃至中国基督徒话语的各种论据以更大篇幅。"但她批评贝德士的记述"更多地覆盖基督徒,而不是中国的国家环境。中国政治史没有充分包括在内,特别是 1920 年以后"。② 这却是某种误解,甚至是认识的肤浅。因为,贝德士对"中国处境"(Chinese Context)的发掘乃是社会文化的深层,并非侧重于浅层的表象。即

---

① *Gleanings*,p.7a.

② *Gleanings*,p.41a,孟心湄也是贝德士遗稿整理者与摘要者。

令是 1920 年以后在中国发生的许多的历史事件,贝德士也有意省略了对于事件本身的陈述,所侧重的乃是事件对于基督教的具体影响以及教会内部的反应与自我调适。

此外,我还非常欣赏贝德士在一份备忘录中为自己提出的两项创意:1. "寻求一种观察中国现代化过程中的基督教因素的健全视线。"2. "寻求对于基督教国际的与跨文化的关系的真实经验的理解,包括帝国主义的成见与亚洲人及发达国家人民之间的民族主义的理解。"①在大约 30 年以前即已提出的这样的高见卓识,应该成为我们现今撰写中国基督教史的追求目标。

四、流产与遗产

但天事人心两相违,这部大书终于未能写成。以贝德士那样的丰富学识,以 MRL 那样丰富的文献资料,以作者那样日以继夜的勤奋工作,何以 13 年还未能初步完成这部学术著作?

一言以蔽之:力不从心。心太高、太大,而精力不仅有限,且未能有计划地集中使用。

富兰克林·吴不胜惋惜地说:"贝德士教授出乎意料地死于 1978 年 10 月。我负责清理他在神学院四楼塞满书籍的研究室,记得是在一个下午到了那里。他的手稿,旧的、修改的和新写的,塞满档案柜的好几格。有许多较小的盒子,装着经过他仔细注释过的文献、笔记与摘录。好几个纸箱装着已经分类过的文件。桌

---

① *Gleanings*,p. 5a.

上堆着他最近撰写的书稿,置于纸张上面的是半截铅笔,好像是表示'出去走走,马上就回来'。"①大概贝德士也从未想到自己会这样匆匆而去。

贝德士习惯于个人独自写作,直到1973年才聘用两位临时助手,但主要也只限于打字或协助查找与核对部分文献。前面已经说过,绝大部分资料都是贝德士自己搜集、整理、分类、注释,为编撰奠定了坚实的基础。但是贝德士的最大失误是缺少一个周密而可行的编撰计划,他为资料花费的时间太多,而留给撰稿的时间显然不足。资料搜集是一个无底洞,必须有一个明确的范围界定与时间分配。贝德士所面对的不仅是卷帙浩繁的文献,还有许多重要课题的社会调查,如中国基督徒重要人物名录征集核实等工作,都需要花费大量精力和时间。

贝德士在学术交往上一贯以助人为乐,这本来是一个优秀基督教学者应有的品格,但如果为此而毫无节制地为他人作嫁衣裳,则必然会严重冲击自己的主体工作。M. O. 威廉曾把贝德士晚年的工作归纳为三项:1. 积极参与纽约和世界各地的学术会议与其他活动;2. 为难以数计的博士候选人与其他有关中国问题的作者热心提供咨询;3. 为自己的巨著搜集资料与编撰工作。人们不难发现,前两项占去贝德士大部分宝贵时间。

贝德士的热心助人已是有口皆碑。例如,鲍引登(C. L. Boynton)把自己在中国搜集的一批宝贵资料送给MRL,贝德士立即义不容辞地应邀前往整理。各种各样求教的信件如同雪片一般飞来,例如有篇文章发表在某家刊物的哪一期,某位孤身前往中国

---

① *Gleanings*, p. 1a.

的传教士的续弦太太的名字,以及在清理图书馆收藏的档案随时发现的问题等等。他不仅是来信必复,而且是答复得极为认真负责。有个年轻学者正在撰写有关美国教会的执事派遣问题的博士论文,贝德士给他的回信竟有 11 页之多。本来贝德士自己也可以就此写一篇很有价值的文章。①

更为圈子内学者传为美谈的故事,应是 1977 年德国年轻学者古爱华写信向贝德士求教:"赵紫宸究竟于何时何校接受何种博士学位?"贝德士立即查阅 Frank W. Price(毕范宇)的 *China Rediscovers Her West*(《中国重新发现他的西部》),并参考金女大校长吴贻芳的有关记述,获知赵于 1947 年由普林斯顿大学授予博士学位。于是他又写信向 PU 注册部门查询,并得到该校 1947 年的一期 *Princeton Alamini Weekly* 的复印本。赵紫宸的大名赫然见于 1947 年 6 月该校 200 周年授予荣誉博士学位名单之中,并注明赵此前已经获得博士学位。贝德士一鼓作气穷究不已,通过赵紫宸的儿子获悉赵是在 1930 年左右由东吴大学授予博士学位。但贝德士仍不愿到此为止,直至看到南方美以美会会刊《教会之声》1927 年 6 月号的复印本,上面载有赵紫宸的照片,是被东吴大学授予荣誉博士的四个中国人之一,而这正好是东吴大学建校 25 周年。贝德士这才给古爱华写信正式告知结论并赠给全部复印文献,他俩之间的来往信件至今仍然收藏在耶鲁神学院图书馆。②

贝德士虽然未能完成生前的宏愿,但他的劳绩毕竟为我们留

---

① *Gleanings*, p. 10a.

② *Gleanings*, p. 9a. 我于 1995 年上半年应邀到香港中文大学崇基学院讲学并合作研究,正好古爱华亦在该院任客座教授,谈起这桩往事,古至今仍感念不已,因他正以赵紫宸研究知名于世。

下一笔宝贵的遗产。

首先,在那些零碎片断的备忘录中,记录了他有关近代中国基督教史的许多深刻理念;如果把这些理论与他多次起草并不断修订的提纲(虽然并非完整)与部分书稿结合起来研究,不难发现他对 1900 至 1950 年期间基督教在中国社会活动史的总体构思。其视野之广阔、观察之细微与态度之严谨,都足以对我们有所启发。

其次,更为可贵的是他在 13 年期间勤奋搜集积累的大量资料与索引,可以为我们现今编纂中华基督教史提供许多重要文献的线索。特别是他复印的那些书刊,现今在国内外许多重要图书馆已经很难发现,虽吉光片羽亦弥足珍贵。贝德士遗留的信件甚多,其中有两类亦需加以注意:一是有关人士提供的书刊目录;一是为核实某人基督徒身份或其他相关事项的调查问卷及复函。例如,仅为澄清蒋经国、纬国兄弟是否基督徒一事,他即曾向国外多位友人通信查询,可见其一丝不苟的治学精神。

第三,贝德士的遗憾也给我们留下深刻的教训。编纂中华基督教史乃是一项巨大的工程,以目前的研究状况而言,绝非个人所能单独完成,必须集体分工,通力合作,按预定计划有步骤地进行,才有可能比较圆满地完成。作为贝德士的学生,我希望现今的中国学者能够在新的起点与新的水平上共同实现他未能完成的宏伟计划。

教会大学与 20 世纪 20 年代的中国政治

20 世纪 20 年代是中国的多事之秋,直、皖之间,江、浙之间,直、奉之间,乃至蒋、冯、阎等各个新老武力集团之间,战争连绵不绝。还有五卅运动、济南事件、国共由合作到分裂,国民革命本身也是风云变幻,波涛迭起。但是透过复杂纷繁的历史现象,仍然可以发现这十年的主旋律乃是民族主义。正如当年曾经流行一时的口号式歌曲所呼唤的那样:"打倒列强,打倒列强!除军阀,除军阀!"军阀之所以必除,正因为它是列强的走狗,而摆脱帝国主义的奴役则是整个中华民族的共同奋斗目标,不仅国共两党、武汉政府和南京政府,就连各派军阀及其依附政客,都在不同程度上接受这一历史主流的影响。

本文试图把教会大学置于这一历史主流之中加以考察,着重探讨它与政府之间关系的演变,演变的原因与历史经验。

一

　　20 年代的序幕,可以认为是"五四"揭开的。"五四"无论是作为反帝爱国的政治运动,还是作为标榜科学、民主与反传统的新文化运动,都必然要冲击到伴随着西方殖民主义而来的基督教,所以反宗教,特别是反基督教的思潮就很快蔓延全国。1922 年 4 月,世界基督教学生同盟不顾中国社会舆论的反对,在北京清华学校召开大会,立即促使这股反基督教潮流成为更广泛也更具组织性的群众运动。

　　早在世界基督教学生同盟大会召开前一个月,北京、上海、南京等地学生已经着手组织"非基督教学生同盟",并于 1922 年 3 月 9 日发表《非基督教学生同盟宣言》。3 月 20 日,北京学界正式成立"非宗教大同盟",随后并在上海、汉口、天津、长沙、成都等地设立分会。4 月 9 日,即世界基督教学生同盟大会的最后一天,"非宗教大同盟"在北京大学召开 2000 多人参加的讲演大会,强调必须消灭一切宗教以培养科学精神,"使四万万同胞从迷信中解放出来,向新的、民主的、自由的社会前进"①。6 月,"非宗教大同盟"出版《非宗教论丛书》,收有蔡元培、陈独秀、李大钊、吴虞、周太玄、朱执信、萧子升、罗章龙、李璜等人的 31 篇文章。这说明许多五四运动的领袖人物,已经成为非宗教运动的倡导者。

---

① 范体仁:《记五四运动前后北京若干团体》,《五四运动回忆录(续)》,页 191—192。

1925 年五卅运动以后,民族主义情绪更趋高涨,反基督教运动带有更为鲜明的反帝色彩,由于国共已经实现合作,两党人士都积极加以倡导推动,反基督教运动的组织性明显加强,并且衍生出收回教育主权运动,教会大学遂成为直接遭受抨击的主要目标。

先是在 1922 年,蔡元培发表的《教育独立主义》,主张教育与宗教分离,即已引起热烈反响。1923 年"少年中国学会"更明确提倡民族主义教育,反对宗教团体开办学校。余家菊首先提出"收回教育权"口号①,并且很快传遍全国。1924 年 7 月,中华教育改进社第三次年会通过决议,要求政府制订学校注册条例,凡外人借学校实行侵略,一经调查属实,应即勒令停办。同年 10 月,"全国各省教育联合会"第十届年会,决议要求完全取缔外人在中国办理教育事业。1925 年五卅运动发生以后,空前高涨的民族主义浪潮推动政府不得不以政府法令保证收回教育主权。因此,就在这年 11 月,北京政府教育部颁布《外人在华设立学校认可办法》,对教会学校申请立案注册做出具体规定,包括中国人参加学校行政领导;取消原有关于宗教课必修与宗教仪式一律参加的规定;平等对待中外教师,办学宗旨应属于教育而非宗教福音等。② 不过,由于全国尚处于分裂状态,以及北京政局本身的混乱,这一部令并未得到认真贯彻。

1926 年 11 月,广州国民政府亦曾颁布适用于外国教会开办的私立学校注册条例,国民政府定都南京以后,全国政令渐趋统一,收回教育主权遂正式提上议事日程。1928 年,教育部重新颁

---

① 余家菊:《教会教育问题》,《中华教育界》,1923 年 10 月。
② 北京政府教育部布告 16 号。

布经过修订的注册规则,除坚持必须由中国人管理学校以外,特别强调私立学校不得将宗教列为必修课程,不得在课堂宣传宗教,亦不得强迫学生参加任何宗教活动。①

与此相对应的,则是国民党对于包括教会大学在内的各类学校控制的不断加强,包括普遍实行总理纪念周,党义课(三民主义)为必修课,军训必不可少等等。

教会学校遭到反对,除了受客观形势影响以外,当然还有其内在的原因。孟禄博士(Dr. Monroe)经过调查研究,曾将这些主客观因素归结如下:

1.教会学校或多或少与中国当前社会运动脱节。

2.中国教育当局害怕外国学校体系可能成为他们无法控制的"政府中的政府"(imperium in imperio)。

3.理性主义新思潮的发展。

4.基督教精神与通商口岸"基督教文明"②之间的反差。

5.国民革命反对不平等教育及不公平待遇,基督教教育常被等同于帝国主义。

6.教会场所常被视为享有特权与保护的租界。

7.中国教育界对宗教自由的见解迥然不同于基督教教育家。

8.中国人担任(学校)重要职务的屡遭拒绝所引起的反感。

9. 对盎格鲁—萨克逊(Anglo-Saxon)"主宰一切"(Masterfullness)的愤恨。③

---

① *Educational Review*, April, 1928, pp. 197-199.

② 通商口岸的"基督教文明",泛指西方殖民主义在通商口岸违反基督教精神的各种谬误行为与言论。

③ Monroe, *China, a Nation in Revolution*, Chapter Ⅱ Christianity and Mission Work.

孟禄的分析虽不甚周延，但大体上均属客观事实，教会大学与其他教会学校一样，正面临着严峻挑战与迅速回应。

二

山雨欲来风满楼。原金陵大学农经系卜凯教授的夫人、著名作家赛珍珠，当时曾对 1927 年前夜南京外国教会人士的心境作过如实报道："1926 年秋天，我们已经悬念国民革命军何时将到达南京。他们从广州出发的北伐已经取得成功，并且在长江边的武汉努力建立自己的中心，准备继续进军下游。我们之中那些在牯岭避暑的人员，被卷入自湖南和汉口汹涌而至的难民潮流，——人们害怕战争与围困的危急，于是跑进安全口岸。我们渴望得到国民革命的消息，急于了解他们是真正的爱国的理想主义，或者无非是另一批黩武主义者，很难弄清全部实情。有很好的报告说他们献身于自己的目标，希望解放工人阶级，根除年深日久的性别、阶级、民族之间的不平等。随之而来的流言是（他们）仇视宗教，特别憎恶外国人控制的学校和医院，已出现若干排外事件，最糟糕的是俄国过激派已出现于他们之中。……正是在这种等待与困惑的心境下，我们栖身家中，并且开始了学校、医学与宣传方面的秋季工作。"[1]

要发生的事情终于发生了。这就是 1927 年 3 月 24、25 日的"南京事件"。进城的部分国民革命军士兵与下属群众在排外情

---

[1] Pearl S. Buck, Nanking Station Report, 1926—1927, 收于 Bates papers, RG10, B20, F308。

绪驱使下,抢劫、焚烧外国教堂、教会学校乃至外籍人士,享有很高声望的金陵大学副校长文怀恩在住宅被劫时不幸身亡,教会学校除金女大外,几乎无一幸免洗劫,外籍传教士与教员从家庭到随身财物全被抢走。其后果便是外籍人员被迫全部撤退,先到上海,继而分成三路:一部分回国,一部分去日本,一部分去朝鲜。

尽管战争连绵与非基督教运动不断给以冲击,教会大学在 20 年代总的趋势仍是持续发展。1927 年"南京事件"及其他地区的类似情况,一度曾使教会大学学生数量锐减,上课亦不正常,乃至出现圣约翰大学分裂、信义大学流产等现象,但这种情况为时不久。1928 年秋季以后,离校的外籍人员陆续归来。乃至南京国民政府初步统一中国,教会大学又重新恢复了发展的势头。当然,发展的前提是大多数外国教会与外籍人员采取比较冷静与理智的态度,顺应中国民族主义的潮流。首先是遵守中国政府规定,履行注册手续,接受中国政府的教育方针、政策的指导,对教会大学内部进行大幅度的调适变革。

率先履行注册手续的是北方的燕京大学。早在 1926 年 11 月和 1927 年 12 月,该校即已先后分别向北京政府与南京政府申请立案并获批准。根据教育部规定,校长改由中国学者吴雷川担任;校董事会中国人占 2/3 以上,并有权决定一切教学、行政事务,宗教课程改为选修,宗教活动须在课堂外进行并改为自由参加。南方的岭南大学行动亦快,1927 年 1 月校董事会即正式任命中国人钟荣光为校长。钟接任后发表公开声明:1. 尊重国民政府教育法令;2. 顺应民族运动潮流;3. 始终贯彻立校之初旨。① 其他教会大

---

① 高冠天:《岭南大学接回国人自办之经过及发展之计划》,广州,1928 年,页 22—23。

学,除上海圣约翰大学外,均陆续遵照部令立案注册,成为中国私立大学之一部分,在这一重大转变过程中,绝大多数教会学校中外人士都能保持比较合作的和谐关系。例如:金陵大学在选举中国人陈裕光为校长后,该校在纽约的托事部(University of Nanking Board of Trustees)很快就发来电报,表示对选举陈裕光为校长的决定完全同意,并致以衷心的祝愿。[①] 但圣约翰大学则因外籍校长持顽固态度而引起分裂,致使部分师生愤而离校,另办光华大学。

在教会大学相继注册以后,南京政府将其与一般私立大学同等对待,并且逐步建立比较正常协调的关系。例如:金陵、岭南的农业改良曾得到政府的定期资助,燕京的乡村实验区也得到各级政府的支持,而政府提倡的新生活运动,亦曾寻求教会与教会大学的合作等等。此后,教会大学加速了本土化过程,1923—1924年教会大学的中外教职员人数大体相等,1932年中外之比变为2∶1,1936年更改变为4∶1,说明中国教职员人数正在不断增加。同时,教会大学在经济上对外国教会的依赖逐渐减少。如金陵大学经费来源,原来是美国创办人会承担65%,中国董事会承担35%[②];以后则在学费收入与政府补助两方面逐年都有所增加,仅1934年为金大建筑图书馆,政府一次即拨款10万元[③];与本土化同步进行的,则是教学水平的不断提高,如农、医、法、商、新闻、社会学、图书馆、电化教育等专业,一些教会大学都分别处于全国领先地位。

从学校规模而言,教会大学在20年代也有明显发展。1922

---

① 金陵大学历史档案,金大托事部1928年3月25日自纽约来电。
② 据1932年《第一次中国教育年鉴》丙编"教育概况",金陵大学部分,转引自《金陵大学史料集》,南京大学出版社,1989年,页237。
③ 范体仁:《记五四运动前后北京若干团体》,《五四运动回忆录(续)》,页239。

年教会大学在校学生总数不过 2000 人,1926 年增加到 3520 人。[1]
到 1936 年,教会大学在校学生已达 7000 人,比 10 年前增加一倍,
为全国高等学校总数的 12%。[2] 根据 1937 年统计,在已毕业的
10000 个教会大学学生中,3500 余人从事教育(其中 2/3 执教于教
会学校),500 余人从事宗教与社会工作,100 余人任牧师,近 700
人从事医务工作,300 余人以法律为业,近 900 人服务于公用事
业,只有少数人经商。1936—1937 年,有 1100 余人从事进一步研
究(包括研究生),其中约 300 人留学海外。[3]

在 1931 年出版的《中国名人录》(*Who's Who in China*)所收录
的 959 位名人中,曾在教会大学受过教育者 157 人,占 16% 以上。
在这 157 人中,从事教育者 37 人,党政工作者 48 人,技术专业工
作者(包括农业、建筑、艺术、新闻出版、工程、医务、图书馆、科学
家、作家、乡村实验等方面)72 人。原来教会大学仅以英语教学见
长,二十年以后,教会大学为适应本土化要求,又加强了中国语文
与中国文化的教学与研究,如燕京的哈佛燕京学社、金陵的中国文
化研究所等。仅以白话文作家而言,即有冰心、徐志摩、许地山、熊
佛西、杨刚等一批著名人士毕业或曾肄业于教会大学。[4] 从以上
情况可以看出,教会大学对于中国现代化,起了重要的促进作用。

与此相关的则是教会人士(其中不少曾是教会大学学生)在
中国社会乃至政治层面的影响逐渐增强。1929 年,中国青年会

[1] Gressy, Christian Higher Education in China, pp. 26-27.
[2] T. L. Jan, "Status of Christian Higher Education in China," *China Christian Year Book*, 1936 – 1937, p. 215.
[3] William B. Fenn, *Christian Higher Education in Changing China, 1880 – 1950*, Michigan, 1976.
[4] Carlberg, Assessments(未刊书稿),收于 Bates papers, RG10, B20, F312。

（YMCA）余日章宣布,已有 YMCA 的 150 位前干事在政府机关担任要职。冯玉祥在北京,张学良在东北,都曾与 YMCA 保持密切的关系。及至 1938 年初,YMCA 国际委员会报告,YMCA 前干事在中国政府中担任各类要职者已增至 214 人。所以,Rachel Brooks 的一部书稿,即命名为《中国的 YMCA 政府》。[①]

三

20 年代尽管民族情绪高涨,很长一段时间战争连绵,动荡不安,但毕竟没有重演"庚子之役"的大悲剧。这固然有其特定的国际背景,但更重要的原因,则是中国社会与教会人士两方面的进步,以及相互宽容心理的增强。

从中国社会的进步而言,主要表现在以下两个方面:

第一,非宗教、非基督教运动的倡导者,大多是受过新式高等教育的知识精英。尽管他们往往将基督教混同于帝国主义,批判夹杂情绪化的民族主义,难免有流于片面、偏颇乃至武断,但主要还是用理性主义批判宗教迷信,目的在于促进科学、民主,并非倡导盲目暴力排外。同时,即使在非基督教运动极为高涨的时候,也有一部分基督徒与非基督徒知识分子,以比较冷静客观的态度对待宗教,并且敢于公开倡导正确处理民族主义与基督教之间的关系。基督徒如简又文等发表《对于非宗教运动宣言》(1922 年 4 月

---

①   Rachel Brooks,The YMCA Government in China,未刊书稿,前有罗素序文,对之评价甚高,复印件收于 Bates papes,RG10,B20,F303。

10 日），从 10 个方面进行反批评,为基督教存在的合理性辩护。非基督徒如周作人、钱玄同、沈兼士、沈士远等 5 人,公开声明:"我们不是任何宗教的信徒,我们不拥护任何宗教,也不赞成挑战的反对任何宗教。我们认为人类的信仰有绝对的自由,不受任何人的干涉……我们因此对于现在非基督教、非宗教同盟的运动,表示反对。"①另一学者常乃德说得更为爽直:"英国、美国是基督教国,但他们的科学进步,比非基督教的中国,究竟谁好谁坏?"梁启超也认为:"宗教为人类社会有益且必要的物事,所以我自己彻头彻尾承认自己是非非宗教者。"②这种反潮流的勇气是值得钦佩的,他们虽属少数,无力阻挡潮流,但至少从舆论方面在某种程度上抑制了反基督教的狂热情绪,增强了一部分知识分子的理性思考。

　　第二,从北洋政府到南京政府,尽管在不同程度上顺应了反基督教运动所体现的民族主义潮流,但其具体运作只限于收回教育主权,并没有颁布任何压制或镇压宗教的过激法令,更没有如同晚清政府顽固派那样对义和团的盲目排外暴动煽风点火。特别是南京政府,由于国民党的一些领导人,从孙中山到孙科,到蒋介石夫妇,乃至孔祥熙、宋子文等,本身就是基督徒,对基督教的历史与现状都比较理解,所以,他们没有真正站在非基督教运动一边。人们对于教会大学的态度,无非是维护教育主权,坚持这些学校必须遵照政府规定,依法立案注册。而在教会大学注册以后,即视为中国私立大学之一部分,并根据社会的紧迫需要,有选择地支援其某些

① 简又文等宣言发表于 1922 年 4 月 10 日,周作人等宣言发表于同年 3 月 11 日,均收于 Bates papers,系贝德士剪报散页。
② 贝德士剪报,常乃德的文章题目是《对于非宗教同盟的诤言》,梁启超则是在 4 月 16 日对哲学社的演讲《评非宗教同盟》。

优势专业的发展,以发挥教会大学的积极作用。当然,政府与教会之间的矛盾依然存在。这就是党化教育与宗教教育之间的对立。教会大学和其他教会学校对党化教育始终持保留态度,而政府则坚持中等以下学校不得开设宗教课。如1931年6月,教育部再次令各省、市教育厅转饬各小学一律禁止采用宗教教科书,令文特别指出:"某国圣书协会出版之初级宗教教科书","不独宣传宗教,抑且包含政治色彩。例如第三册第十六课,第六册第四课等,显然含有一任帝国主义之侵略而不加抵抗之意。其违反民族主义,麻醉儿童,莫此为甚。亟应严禁发行,停止采用,并将已印书籍封存,印板销毁,以杜流传而免贻误"①。其语气之严厉与态度之坚决都很令人注目。教会和教会学校对于这类指责亦曾不断申诉与争辩,不过从主要方面而言,政府与教会学校持续保持合作关系,则是毋庸置疑的历史主流。

从教会方面的进步而言,则有以下两点:

第一,教会中的中国人士,特别是教会大学中国师生,同情民族主义潮流的人越来越多。他们也反对殖民主义利用宗教作为侵略工具,更反对宗教以不平等条约为凭借,把"基督教建立在炮舰政府之基础上"。武汉基督教联合会于1927年元旦发表的《基督徒革新运动宣言》,甚至公开认同国民革命,他们声明:"耶稣基督以自由、平等、博爱、牺牲、服务立教,与罪恶的势力绝对不能妥协,本是一种革命的大势力。……我们深愿本着耶稣基督当年打倒法利赛主义,及传统的旧礼教,与当时压迫平民的富族贵族阶级,甚至舍身十字架之革命精神,以从事于我们的革命工作。"而所谓

---

① 载于中华基督教《教育季刊》,7卷2期,1931年6月。

"革命工作"就是:"对外则打倒帝国主义","对内则打倒恶军阀恶制度"。他们对于反基督教运动,自然难以认同,但承认其为"诤友",承认基督教本身确实需要革新。对于收回教育主权,他们则一致赞成,"要使教会学校都归中国教会自办,受中国政府之监督,及其一切实施都依着中国的教育训令及学制而办去"①。当然,并非所有中国基督徒都能接受这样激烈的观点,但"武汉宣言"绝非是孤立的与偶发的。早在 1922 年 5 月,基督教全国大会发表的《敬告同道书》,除主张建立"中国本色的教会"以外,并郑重声明:"一切对于个人和群众的不平允的待遇,都是圣善仁慈的上帝所不容。"1925 年简又文又发表《同江、张二君讨论孙科君的文章》一文,也认为"基督爱人救世天国在地之福音,既与帝国主义、资本主义及一切残害人生压迫人生之罪恶,绝不能相容,亦不能两立"②。同年,《中华基督教教育季刊宣言》则明确主张:"基督教学校当努力于彻底之中国化,行政管理必须逐渐参加中国人,至完全由中国人主持之。除特别外,教授应以国语行之,国学及社会学科应特别注重。各级学校应一律立案,所有经济责任亦逐渐由中国之基督徒负之。如此,教育主权不至危险,而设施的教育亦不致与国情隔阂。"③ 1927 年 6 月,在民族主义运动空前高涨之际,著名的基督教神学家赵紫宸也主张:在中国社会与政局发生大变化的形势下,"西教会与西教士在这时候,应当冒险将他们在中国为中国信徒所立的教会与一切教会权交代给中国基督徒,中国基督徒应当担任巨艰,接受西教会西教士在中国为中国信徒所设立的教会。这是一件冒险的事。

---

① 收于 Bates papers,RG10,B102,F855。

② 以上两文均系贝德士剪报,收于 Bates papers。

③ 《中华基督教教育季刊》,1 卷 1 期,1925 年 3 月。

交替之中总要有几处要经过失败的。可是这年头,我们不能怕,只能信"①。可见,建立中国化教会(即"自理、自养、自传")与收回教育主权乃是大势所趋,势所必至。正如有些西方学者所言,教会大学之所以遵部令注册,一方面是由于外部压力(社会、政府),一方面是由于内部压力(中国基督教、教会大学的中国师生)。

第二,但是,不能单纯从中国基督徒方面的驱动力着眼,外国教会与外国教士当中也有某些驱动力与主动性。

早在 20 世纪之初,义和团运动之后,有些正直的外国传教士已经认识到不应以不平等条约为靠山来传播基督福音。如戴德生(James Hudson Taylor, 1832—1905)创立的内地会(China Inland Missions),即拒绝依据不平等条约为教堂、教士的损失要求赔偿。1907 年 1 月,教会刊物《中国纪事》杂志发表《传教士与中国人的私人关系》一文,认为传教士必须平等地对待中国人(as man with man),摒弃盎格鲁—撒克逊与西方文明的狂妄自大;必须充分信任中国人员,因为他们更了解自己的人民;必须把自己最好的东西给中国人,不要以为他们无知就可以为所欲为等等。② 这些都表明,在早期来华基督教传教士之中,已经出现一批明智之士。

同时,欧美学生志愿赴外国传教运动在 20 世纪初年已有很大发展,一批批受过高等教育的有专业知识的年轻传教士来到中国,使在华外籍传教士的总体素质与神学观念发生明显变化。其结果便是一代现代派传教士教育工作者,作为社会群体在 20 年代的中国出现。所谓现代派传教士教育工作者(Modernist Missionary

---

① 赵紫宸:《我对于创造中国基督教会的几个意见》,《真光》,26 卷 6 号。
② "The Missionary's Personal Relation to the Chinese," *The Chinese Record*, Vol. 38, 1907.

Education),一般需要具备三个条件:1. 受过本科以上大学教育;2. 以教育为终身事业;3. 而最重要的是在神学思想上归属或接近于现代派(Modernism)。他们不满于保守的基要派(Fundamentalism)拘泥于经典主义与单纯追求发展教徒,主张应以基督精神服务社会,宣扬体现于社会进步与造福人群的真正福音。他们认为,在中国,只有兴办教育,特别是兴办高等教育,才能促使社会进步,使人民摆脱贫穷愚昧的落后状态。对于他们来说,服役上帝(serve God)与服役社会(serve society)是完全一致的。正是这批人,与中国教职员共同努力,不仅使教会大学在规模水平两方面都得到提高,而且在 20 年代末与 30 年代,决定性地走上本土化与世俗化的道路。

这里仅以南方的岭南与北方的燕京为例。岭南大学的创办人哈巴博士(Rev. Dr. Andrew P. Happer),既是医学专家又是经过良好训练的牧师。岭南大学在筹建之初即宣言:"一俟中国人得有办学之经验及能力,便将学校主权归还。"1900 年更具体设计华人自办步骤:"第一期,国人应参与校务,供给意见,相助为理;第二期,国人应有实际之担负,筹措一部分经费;第三期,应勉力自立,使主权属诸国人。"①燕京大学的创办人司徒雷登,也是以优异成绩毕业于著名的汉普顿—悉尼学院,随后又进协和神学院学习,并且加入"学生志愿(海外布道)运动"。他生于中国,长于中国,对中国社会与中国文化具有较深的理解,对蓬勃兴起的民族主义运动也具有较多的同情与关切。他认识到五四运动是"民族自我意识的真正觉醒"。他从燕大创办之始,即决定"让中国人在教学、行政、

---

① 见《岭南大学接回国人自办之经过及发展之计划》。

宗教、财务和其他部门中发挥日益增多的作用,把学校最终办成一所中国大学"。① 根据上述情况便不难理解,何以岭南与燕京率先根据政府规定立案注册。当然,各个教会大学的外籍人士流品不一,思想驳杂,背景亦各有差异,未可一概而论,但现代派传教士教育工作者在 20 年代的崛起,并在三四十年代教会大学工作中起主导作用,则是可以断言的。另外,也需要指出,中国教职员队伍本身的成长,包括素质的逐步改善与领袖人才的涌现,也从另一方面促成了教会大学本土化过程的推演。

尽管现代派传教士教育工作者的奋斗目标,仍然是用基督教文化影响渗入中国,直至最后实现中国"基督化"(或曰:"中华归主");但他们推动教会大学迅速走上本土化、世俗化、学术化的道路,毕竟顺应了历史的潮流,满足了社会的实际需要,从而或多或少为中国现代化作出了贡献。不过问题总归是很复杂的,教会内外人们的认识很难一致。外国教会本来是把教会学校作为传播基督福音的工具,主要是为了培养中国传教士与教会领袖人才。可是,随着本土化、世俗化、学术化程度的加深,教会大学培养出来的绝大多数是世俗的专业人才,不仅毕业后从事神职工作者极少,连信仰基督教的在校学生与教职员的比重也大幅度下降。因此,对于教会大学在二三十年代的转型这段历史公案,长期以来成为基督教内基要派与现代派争论不休的老问题。

"塞翁失马,安知非福?"中国这句老话,或许可以使那些热心于中国教会大学工作的外籍传教士们,得到某种程度的自我宽慰。

---

① 司徒雷登:《在华五十年》,北京,1982 年,页 66。

让事实说话:

贝德士眼中的南京大屠杀

　　关于南京大屠杀,最早在国内外同时出版的原始史料结集,应是《曼彻斯特卫报》驻华记者田伯烈(H. J. Timperley)编著的《外人目睹中之日军暴行》①。在这些目睹日军暴行的外国人之中,有一位就是当年奉命留守校产的金陵大学历史系教授贝德士。贝德士生前保存的南京安全区国际委员会和国际救济委员会档案文献甚多,堪称实录南京大屠杀的"同时代的第一手资料"。现均妥善保存于耶鲁大学神学院图书馆特藏室。本文仅就与田伯烈书有关之若干问题略作论述。

---

① H. J. Timperley, *What War Means*, *The Japanese Terror in China* (London, New York: Modern Age Books, Inc., 1938)。同年 7 月,杨明译的中文本《外人目睹中之日军暴行》在汉口出版。此外还出版两种日文译本,一为《外人目睹中之日军暴行》,一为《何为战争? 日军暴行录》。

一、一位态度极为公正的外侨

《外人目睹中之日军暴行》史料价值甚高,但当时为保护资料提供者的人身安全而一律隐其姓名,却为读者带来某些理解方面的困惑,甚至为那些"南京大屠杀虚构论"者留下若干可乘之隙,因此有必要对此书进行认真考订。

譬如,田伯烈把此书第一章第一部分资料的提供者,"称之为这是南京一位最受尊敬最有声望,态度极为公正的外侨"。此人是谁? 田伯烈和他在国际委员会中的友人当然心中有数,可是外界人士,特别是后世读者却摸不着头脑。其实此人即贝德士,因为田伯烈其后又引用了他的一封信,并且介绍说:"提供本书第一章第一部材料的某君,又于 1 月 10 日,即在日军占领南京将近一个月后,写信给他的朋友们。"这封信的原稿,我已在耶鲁大学神学院图书馆收藏的《贝德士文献》(Bates Papers)中发现,信尾清清楚楚署有"(signed)Miner Searle Bates"的字样。

这封信当时复印并秘密送往外间者似乎不少。因为,早在1938 年初,前国民政府教育部长王世杰已在日记中提及贝德士此项活动。其 1 月 10 日日记称:"金陵大学美国教授 Bates,曾在首都目击去年 12 月 13 日日军入城后抢劫私家物品,大批枪杀解除武装之我方军士及难民,并搜挟少年妇女于一处而强奸。该教授将目击情形,以书面分送中外人士,但未署名。"这里说的似乎是12 月 15 日贝德士给上海友人的信,此信已被田伯烈书收入,而在《贝德士文献》中却未留存原稿。但王氏 2 月 14 日的日记即已提到贝氏1月10日的信:"今日由汉口渡江赴武昌,去华中大学之餐约。席间该校代理校长黄溥,具述留在南京之美国教授 Bates,最近托美国军舰带出之资讯。据 B. 氏1月10日函称,日军入南京后,其强奸、抢劫与残杀无武器人民之惨状,有非外间所能梦想者。全南京城内,日军强奸妇女之案件,德国人估计在二万件以上,即仅就金陵大学校舍而言,难民之逃避该校中者,约三万余人,强奸案当在8000起以上。有11岁幼女与53岁老妇,亦未能幸免者。至于城内房屋及商店,殆无一家未被抢劫者;劫后往往以化学药物纵火焚烧。此种强奸行为,往往于白昼行之,并往往由军官领导为之! 业经放弃武器与军服之华兵,以及一般难民,被日军任意枪杀者,触目皆是。外国人之留在南京者,亦多受侮辱劫掠,各国使馆俱被劫掠。(B. 氏函件已由该校给一份)"①

贝德士是 Dr. Bates 的正式中文名字。他在1897年5月28日出生于美国俄亥俄州的纽华克。父亲是一位学者型的新教牧师,长期担任本地哈莱姆学院院长。贝德士1916年毕业于这个学院,并获得罗兹奖学金前往英国牛津大学攻读历史,由于欧战期间曾服兵役,1920年才获得硕士学位。同年7月,经由基督教联合布道会(United Christian Missionary Society)授予传教士资格并派往中国,从此在南京金陵大学政治、历史等系任教,直到1950年才最终离华返美。1937年8月以后,日军进攻上海、南京,金陵大学西迁四川成都,贝德士奉陈裕光校长之任命留在南京守护校产,并经

① 《王世杰日记》(台北:"中研院"近史所,1990年),第一册,页163、178—179。1990年秋,吴相湘先生曾经由"对日索赔会"同仁吴章铨兄函告:由此可知,当时中国政府是由 Bates 信件始知南京大屠杀,故贝德士档,见得有副本,其重要性可知矣。

董事会决议给以应变委员会主席与副校长名义。南京沦陷前后，他与金大社会学系史迈士（L. S. C. Smyth）教授，以及校外外籍人士费吴生（George A. Fitch）、马吉（John Magee）等，共同创建南京安全区国际委员会（以后改为南京国际救济委员会），做了大量救济难民与对外揭露日军暴行的艰巨工作。国际委员会的档案文献大部分归贝德士保存并于 1950 年带回美国。遂成为侵华日军大屠杀永远的重要罪证。

耶鲁大学神学院图书馆保存的《贝德士文献》，总共 31 盒（box）、1162 卷（folder），数量甚大，内容亦极丰富，可惜至今仍未经充分利用。与南京大屠杀直接有关的资料，集中保存于第 4 盒之第 52、59、63、67 卷，第 102 盒之第 861—871 卷，第 126 盒之第 1137 卷。第 52 卷收有贝德士 1938 年给友人与妻子的一些信件；第 59 卷收有 1937—1938 年国际委员会及贝德士本人与日本大使馆之间的来往信函和附件，还有 1938 年与上海日本总领事馆之间的来往信函和附件；第 63 卷收有 1937—1938 年贝德士与金陵大学创建者会（Board of Founders）之间的信函，1938 年与上海全国基督教会之间的信函，以及 1941 年国际委员会的相关信函；第 65 卷收有贝德士与田伯烈之间的来往函件；第 861—871 卷主要是贝德士收藏的各种有关南京沦陷后情况的文献资料，其中 863—869 卷价值较高；第 1137 卷是贝德士认为对自己有纪念意义的杂件，其中有他在 1946 年 7 月出席远东国际军事法庭作证的记录副本，还有若干对此次审判的报道。

只要稍加检阅相关资料便不难发现，贝德士不仅是《外人目睹中之日军暴行》一书的资料提供者，而且还是此书编辑工作的主要策划者之一。

他在 1938 年 4 月 12 日从上海寄出的致友人函说得很清楚:

　　这里正积极准备在英国和美国出版 H. J. 田伯烈先生写的一本书,作者是《曼彻斯特卫报》有经验的记者,书名可能是《日军在华暴行》(*The Japanese Terror in China*)。田伯烈先生是一位品格高尚的新闻工作者,他与北平的基督教领导人长期保持密切联系。他保存着得自此间救济团体的陈述中国战争实况的大量文献。这些资料是以公正而具有建设性的方式公布的……尽管不能对这项工作承担法律责任,但从一开始我便与它联成一体,曾经参与商讨计划及其发展,也曾校阅全部文稿。此外,该书还利用了我在 12 月 15 日起草的一份报告,那是为当时留在南京的许多新闻记者准备的。附件包括许多 12 月间我给日本使馆的信件。其中也有我在 1 月 10 日叙述过去几周南京陷于普遍恐怖情况的信。给日本使馆的信我虽未署名,但南京和上海(即或不包括东京)的日本官员心里都很清楚,这些文件出自我的手笔。史迈士博士由于曾在国际委员会秘书处发出的各种报告和案例上签名,多少也受牵累。……因此,日本当局将有可能特别憎恶南京这个小小的外国博士团体,尤其是我。费吴生由于其日记被引用,马吉先生由于他的几张照片被刊载,都将严重受牵累。

信中还特别强调:

　　我们感到以积极的方式揭露暴行真相乃是一种道德义务。只有我们或与我们一道工作的人们才能做到如此。

　　我们不相信屈弱会改善我们在世界上所面对的一切。让我们去履行我们自己认定的责任。以善良的心去做并且同样地承担其后果。①

　　信中提到的史迈士是金大社会学教授,国际委员会的秘书,曾主持南京地区战争损失调查,编写出版《南京战祸写真》(*War Damage in the Nanking Area, December, 1937 to March, 1938*)一书。费吴生出生于苏州,基督教青年会领导人,时任南京安全区主任,他的日记是南京大屠杀最翔实的记录之一。马吉或马约翰是长期在华传教的美国圣公会牧师,国际委员会委员,国际红十字会南京委员会主席,他曾用小型摄影机拍摄了许多日军残杀暴行的现场画面,成为留存至今的弥足珍贵的影像资料。

二、揭露暴行乃是一种道德义务

　　正是基于上述认识,贝德士、费吴生、威尔逊(Rober O. Wilson,鼓楼医院外科医生)等国际委员会成员,在极其艰难繁忙的情况下坚持逐日逐事记录下日本侵略者烧、杀、淫、掳乃至大肆贩毒的残暴罪行。

---

① Bates papers, RG10, B4, F52.

由于田伯烈的书已经发布一部分国际委员会的文献,为避免过多重复,这里只重新译述王世杰所见过且为当时影响较大的1938 年 1 月 10 日贝德士致友人函。全文如下:

这是在强奸、刺刀捅戳和肆无忌惮的枪击之间仓促写下的简短笔记,准备经由自日军进入南京局势变化以来所能利用的第一艘外国船只——一艘救援"帕内伊"号①的美国海军拖船——把它送出去。上海的朋友们将从总领事那里得到这些笔记,并将设法把它从一艘不受检查的外国船只上送走。

新年以来,拥挤的安全区内的形势已经缓和多了,这主要是由大批主力部队的撤离。"恢复纪律"时有时无,连官员也强奸、劫掠与怠忽职守。由于人事变动和行动摇摆,时局随时可以出现新的变化。这里没有可以看得出来的政策,外国外交官终于(在本星期)被允许重新进城,这似乎表明一种需要稳定的愿望。

一万多手无寸铁的民众被残酷地杀害。大多数我信赖的朋友认为远远不止这个数字。被杀害的是一些放下武器或被俘投降的士兵,还有包括许多妇女儿童的普通民众,就连他们是士兵这一借口也不需要了。能干的德国同事(指国际委员会主席拉贝〔Rabe〕等人——引者)估计强奸案例有 20000 起。我想不会少于 8000 起,也许

---

① 帕内伊是美国海军炮舰,于 1937 年 12 月 12 日,即日军侵占南京前一天,在离南京约 25 英里的长江上游和县境内被日本飞机炸沉。当时误传贝德士亦在舰上,并已死亡。

还要更多。仅在金陵大学校园范围内——包括我们一些教职员宿舍和现有美国人居住的房子——我得知详细情况的就有 100 多例,可以确信的大约有 300 例。人们很难想象这种痛苦与恐怖。小至 11 岁和老到 53 岁的妇女横遭奸污。在神学院里面,17 个士兵在光天化日之下轮奸一个妇女。事实上约有 1/3 此类案件发生在白天。

城里差不多每一幢房屋,包括美、英、德等使馆或大使官邸,还有比重甚大的外侨财产,都遭日本士兵反复抢劫。各种车辆、食物、衣服、被褥、钱币、钟表,一些地毯和绘画,各种贵重物品,都是猎取的主要目标。抢劫仍在继续进行,特别是在安全区以外的地方除了国际委员会的米店和一个军事商店外,南京别无其他店铺。大多数商店起先是人人都可以闯入行窃,继而被一批一批日本兵带着卡车,往往是在军官指挥下,有计划地洗劫一空,然后再行焚毁。我们现在仍可看到几处起火。许多住宅区也被蓄意焚毁。我们取得日本兵纵火用的化学剂片的几个样品,并已调查了这过程的各个方面。

难民大都被抢走钱财,连微薄的衣服、被褥和食品,也至少遭到部分抢劫。这种行为极其残酷,结果在第一周或开头十天,人人脸上都露出绝望神色。这个城市的工作和生活前景是可想而知的:商店和机器完蛋了,至今还没有银行和通信系统,几条重要街区被焚毁,其余的一切都遭劫掠,现在人民面临着饥寒交迫。这里大约有 250000 人;差不多全待在安全区,足足有 100000 人完全依靠国际委员会提供食宿。其他的人则靠剩下的一点米粮勉强度日。日本供应部门出于金融和政治上的原因，正开始发放少量从中国大量储备物资中没收的大米，但士兵烧毁不少此类物资。更料想不到的是，当时我向日本官员问及邮电服务时，他们回答："没有计划。"这似乎就是所有经济方面和大部分政治方面的现状。

　　国际委员会的援助是富有成效的，其活动堪称奇迹。三个德国人干得很出色，为了与他们保持同时关系，我几乎愿意佩带纳粹徽章。① 一个丹麦人和三个英国人在初始阶段提供了大量帮助，但在中国人从南京撤离以前，就被他们的公司和政府撤回了。这样，大部分工作就落在美国传教士身上，不过他们全都在挤满刀伤、枪伤人员的病院里紧张救护，无暇顾及其他。自然，我们有些人承担了各种职务，也有职责观念。从一开始就有相当数量的中国人帮忙与合作，而大部分琐事不得不由中国人或通过中国人去做。但有时如果没有一个在紧要时刻能勇敢面对枪口的外国人在场，便什么事也办不成，哪怕是运一大车大米。我们冒过若干巨大风险，受过多次沉重打击（既有实在的也有比喻的），但还是侥幸取得远远超过目前局势所能允许的许多成绩。对发生的每件事，我们都注视，都过问。我们承担提供食宿、进行谈判、递交抗议和采取保护措施等一般工作，此外还阻止了许多抢劫，劝阻和吓退了许多小群士兵的强奸和蓄意强奸。难怪一个

① 这是诙谐的说法，其实贝德士一直反对军国主义与极权统治，提倡宗教自由。国际委员会主席拉贝是南京国社党小组长，贝德士称赞的只是他对难民救济工作的无私奉献，以及共同揭露和抗议日军暴行，而不涉及政治背景。

日本使馆官员对我们说,将军们对他们不得不在中立的观察员(neutral observers)的注视下完成其占领而感到愤怒,他们声称(纯然出于无知)在世界历史上从未有过这种情况。

有时候我们完全失败了,但成功的百分比也很大,足以证明付出相当大的努力是应该的。我们必须承认,虽然某些方面的关系还远不尽如人意,但由于日本大使馆为缓和日本军方和外国利益之间的冲突作出了努力,领事馆员警(数量甚少,并非尽皆善良)比较合乎礼仪,加上这项事业的主要人物一直是发起"反对共产主义第三国际协定"的德国人,和本国船只遭到野蛮袭击需要抚慰的美国人,我们获益匪浅。由于大量财产案件和国旗问题,日本人两度拒绝我们转达美国官员返回的温和要求。虽然本周情况有所改善,我们与乡村和江边还是隔绝的,只有美国海军通过美国使馆进行范围有限的通信联系。

大约从12月1日起就没有邮件了,以前的邮件也大都曾在途中耽搁。昨夜我们室内的电灯是特别给安排的(我们有7个美国人,其中有人与电厂员工有私人联系)。日本人枪杀了电厂54名技术员中的43个,诬指他们是中国政府的雇员,还有飞机轰炸,大炮轰击和枪弹射击,公共设施恢复之缓慢是可想而知的。然而工作人员及其家属的安全缺乏保障是主要的绊脚石。自来水得靠电泵抽取,不过在城市低洼的地方开始有涓涓细流。至于电话与公共汽车,即或是人力车,也都别做梦了。我们安全区的面积大约是两平方英里,还没有完全形成。在这个集中区内，我们没有发生过值得重视的火灾。除了日本兵的犯罪和暴行以外，基本没有其他犯罪和暴行。直到本星期，日本兵又转向安全区外门户洞开的房屋大肆劫掠，特别是抢夺燃料(没有武装员警)。

有 30000 多难民居住在金大校舍各处。管理问题很令人担心，哪怕是维持很低的生活水准。我们当中金大的正式教职员和工人寥寥无几，但他们的工作大多非常出色。志愿帮忙的人很多，由国际委员会把他们很快聚集一起，他们前来动机相当不纯。现在我要谈到告密以及日本人恫吓和收买特务的问题。我本人就曾遇到三个以上此类麻烦，我开始怀疑他们是否想使我或金大陷入绝境。例如，过去三天中发生两件事，使我对金大附中遭受损失的报告自相矛盾(于是指称我撒谎和欺骗日本人，对我表现轻蔑，从而攻击我和一个庞大难民营的另一个负责人)。另一件事是，一位人格高尚的翻译，不屈服于他们的威胁，拒绝离开附中难民营去为他们工作，被他们像绑赴刑场一样抓走。我试图打听他的情况，结果被别人猛地推进可怕的宪兵办公处的大门。恰好那个办公处的宪兵昨夜从金大一所房子抓走一批妇女并残暴奸污。他们从事此项罪行时，用刺刀对着我们一叫 R 的人①，他不该碰巧在那个时候去那个地方。当奋力为那些可怜而又特能忍耐与令人好感的人们做点什么时，你就能领略

---

① R 是林查理(Riggs Charles H.)，金陵大学美籍教员，国际委员会委员，工作异常勤奋而又勇敢。

到我们日常生活的滋味了。

南京真正的宪兵只有 17 位,而同时则有 50000 士兵放纵无羁,一连几天我们看不到一个宪兵。终于发给一些士兵专用臂章以权充宪兵,这意味着他们为非作歹而可得到保护,不至于被当作普通人看待。我们看到有些士兵强奸被军官发现并责骂,然后又毫无约束地被放走了。还有人抢劫后只向军官行个礼便可了事。有次他们夜间开摩托车来金大抢劫,实际上就是军官亲自指挥的。他们把我们的门卫逼靠墙壁,强奸了三个妇女,还将其中一个带走(另一个是 12 岁女孩)。

L① 完全有理由认为我在"帕内伊"号上死了或负伤,因为我仍在南京的消息还没有传到那里,而东京的各种报纸则暗示所有外国人都被带上此船。经历 48 小时的悲痛以后,她在一份报纸上看到,日本人进入南京之后不久,两个笨汉(dumb-bells)打听到我的下落。为回应她的朋友们的感谢,这家报纸于 17 日匆忙派几名记者和一名摄影师。(日本人 13 号进城,"帕内依"号沉没,慢慢传出爆炸声)。元旦那天,他们有人给我带来一张照片和一封信,日本使馆恪尽职守,当然已经读过此信,这样我俩就免得长时间相互担心。虽然她曾通过各种途径和媒介给我写过许多信,拍过许多电报,但自从 11 月 8 日以后,除了这封信,别的什么我也没有收到。12 月 17 号,

---

① L 是 Lilliath 的简写,即贝德士夫人,金女大教授。1937 年夏与贝德士携二子赴日访问,抗战爆发后,贝德士奉学校之命只身返宁保护校产,夫人与两个孩子此时仍滞留在日本。

她打算在元月的第一周到上海,此外我再没有获知其他消息,也许通过新来的炮舰最近拍发的一份无线电报,可以得到若干来自上海的消息。

可是他们(指日本军方——引者)不让我出南京城,而即使交通工具对她是开放的,她也不会获准出上海西行。我们不知道这种状况将继续多久。中国人非常害怕这些美国人或其他外国人被赶出南京,他们迄今为止害怕我们离开甚于留下。同时,我设法与大使馆工作人员,一些半官方日本人,甚至一些不那么残暴奸诈的员警和士兵保持友好关系。但是很难进行。到今天已有4周了。只要我们事先知悉,炮击与轰炸几乎不再使我们不安。前途未卜!

附言:写这封信不是为了激发对日本人民的仇恨,这一点几乎无需说明。如果事实说明了一个现代军队,一个用欺骗的宣传掩盖起罪行的军队的种种野蛮行径,那就让事实说话吧。在我看来,重要之处在于这一战争带来无限苦难。这种苦难因放纵和愚蠢而倍增,使未来长久陷于黑暗。①

这封信可以看作是,日军进城将近一个月期间,贝德士目睹各种残暴罪行的概略综述,而其根据则是国际委员会逐日逐事的记录。

除类似上述私人信件外,《贝德士文献》保存的有关南京大屠

①　Bates papers,RG10,B4,F52.

杀资料,大体上可以分为三类:1.各难民营综合的或零散的报告;
2.经国际委员会核准、整理,以秘书处名义,向日本当局正式提交
的报告;3.按照国际委员会主席拉贝的建议,贝德士以金陵大学应
变委员会主席(The Chairman of the Emergency Committee of the
University of Nanking)名义,就金陵大学校产范围内所发生的各项
罪行,单独向日本当局提交的正式报告。

　　国际委员会提交的历次报告(大多由秘书史迈士签发),包括
400余案例(编号至444,但间有重复),已被《外人目睹中之日军
暴行》一书作为附录刊布,同时又经徐淑希编为《南京安全区档》
(*Documents of the Nanking Safty Zone*, Shanghai, British Kelly and
Walsh Firm,1938)出版,所以本文无须重复引述。各难民营零散
报告,由于所有罪行事实已经列入国际委员会历次报告,所以也不
必一一罗列。这里仅举贝德士以金大应变委员会主席名义,于
1937年12月18日,即日军占领南京的第6天,给日本使馆的一封
信作为示例。此信正文如下:

　　　　由于士兵们的暴虐抢劫,到处仍然是悲惨与恐怖。
　　超过17000人,多数是妇女与儿童,现在住在我们校园,
　　渴望安全保障。他们继续大批涌进,因为别处情况比这
　　里更为恶劣。不过我们必须将此间过去二十四小时"相
　　对良好"的处境记录送交你们。
　　　　(1)干河沿金大附中。一个恐怖至极的儿童被刺刀
　　戳死,另一个重伤垂死。8个妇女被强奸。我们几位同
　　事,试图为这些可怜人送点食物并给予照料,却被士兵们
　　无缘无故殴打。士兵不分昼夜,多次爬过围墙。三天来,

许多人无法睡眠,出现一种歇斯底里的恐惧。如果这种恐惧与失望导致对士兵强暴妇女的抗拒,将要造成毁灭性的屠杀,而你们的当局将为此承担责任。美国国旗被无故撕毁。

1. 胡家菜园 11 号农具店有两个妇女被强奸。

2. 涧银巷养蚕室两个妇女被强奸。

3. 汉口路 11 号住有我们两个美国同事的教员宿舍,一个妇女被强奸。

4. 农经系(小桃源)多次惨遭蹂躏,妇女全部逃走。今天早上我到此查看,6 个士兵向我逼近,其中一人不断扣住扳机以手枪对住我,而我无非是客气地问他是否在这里发现任何问题。

上述确凿事实,还不包括普通老百姓的悲惨境遇,浪荡成群士兵往往一天 10 次、一夜 6 次向他们索取妇女和抢劫钱财。他们强烈要求立即加强约束。

获悉贵馆代表宣称,昨夜在这些房屋门口安排有宪兵(在其他难民聚集较多地点亦然)。但看不到任何一个警卫。由于士兵到处爬墙,少数警卫亦无济于事,除非是整体纪律恢复良好。秋山支队司令部设立于何应钦公馆①,给周围造成特殊灾难,可能要等到你们的士兵被约束为止,如果将军有此意愿,司令部本来可成为安全的象征。

---

① 何应钦上将的公馆建于金陵大学校园之内,这幢高级西式建筑至今保存良好,作为南京大学外事接待之用。

此间和全城民众由于饥饿而绝望,因为士兵抢走他们的食品和钱财;另外有许多人受冻生病,因为士兵拿走他们的衣服和被褥。日本当局如何处理此事?每条街道都有带泪的悲伤传话,哪里有日军,哪里的人和房屋就无安全可言。当然这并非日本政治家所愿如此,所有南京居民都渴望日本人有所改进。

我深信,如果你们之中有一位得便,与我一道前往某些恐怖与痛苦尚在继续的地区,这将比你们老是待在屋里好一些。(由于应付7个士兵的例行公事,他们称之为"检查",实际上是寻找可以在晚上抓走的妇女,因此这封信的书写曾受到干扰。)

昨晚我睡在这里,并将继续如此,期望多少能给无助的妇女和儿童以若干支持。其他从事人道工作的外国人和我自己都受到你们士兵的恐吓,而其反应则是明确的。

此信纯属善意且符合礼仪,但所反映的某些引起不愉快而令人失望的事实,则是我们自日军进城5天以来的亲身经历,亟待解救之道。①

另外在《贝德士文献》中还保存着一份他在1937年12月26日起草的《金陵大学登记后果随记》初稿,揭露日军借"难民登记"名义,骗走大批无辜良民并加以杀害的卑劣罪行。内称:"将近下午5点钟,这两三百人被宪兵分两批带走。第二天早上,有一个身带5处刺刀伤口的人来到金大医院,但是他没有到网球场集合。

---

① Bates papers,RG10,B102,F865.

他在街上被抓走,加入确实是从网球场带走的群众之中。那天傍晚(不知是在牯卢寺(音译)以西还是其附近),大约有 130 个日本兵用刺刀捅死了 500 个类似的俘虏中的大多数。这个受害者恢复知觉发现日本人已走了,就在夜间设法爬回来。"①这次屠杀,如果与草鞋峡、汉中门、汉西门、中华门、花神庙、燕子矶等地成千上万人的集体屠杀相比较,规模虽然较小;但由于两三百受害者是从金大校园,而且就在贝德士眼前被诱骗抓走,所以他既谴责日军"完全不顾信义",自己内心也充满痛苦的愧疚。他在上述《随记》初稿中写道:"每天有几千难民送来登记。为了他们的安全,我们对在这幕悲剧中处于各种重要地位的日本军官和士兵,必须笑脸相迎,谦恭有礼,接连许多天,简直是一种酷刑。我们觉得,我们已成为杀死那两百多人的从犯,应该向他们可怜的家人负责,如果那些人也在附近苦海中的话。"②

　　除了为自己的力不从心,眼睁睁地看着日军每天闯进难民营残害中国民众而悲愤自责外,贝德士对美国政府纵容乃至支持日本侵华战争也极为不满。他在 1938 年 11 月 29 日给友人的一封长信中写道:"南京城内美国和平主义者生活的严峻特色之一,是连续几天亲眼看见成百架轰炸机飞过的经验,有些载着美国装备,而且几乎全部灌满美国汽油。江面上连绵不绝的军舰是用美国汽油驱动的,公路上数以百计的军用卡车也是通用公司和其他美国厂家制造的。加以知悉他们在美国的和平主义者友人正在受到谴责,为了害怕得罪法西斯国家,断然反对通过国际合作走向世界政

---

① 　Bates papers,RG10,B102,F865.
② 　Bates papers,GR10,B102,F865.

府蹒跚的第一步,反对取消与侵略者的经济伙伴关系,从而使世界上的弱国横遭蹂躏。难道善意对于他人还有什么胜于强权的实质意义?富国应该为大家的公益作经济调节,而不应以武装的贪婪掠夺他们弱势的邻居。"①

但是,贝德士丝毫没有放弃难民救济工作,也丝毫没有动摇正义必将战胜邪恶的信念。在上述同一封信的结尾,他似乎是向全世界宣告:"给全球以和平,给人类以慈悲。(Peace on earth, good will to men.)但是,我们前面的和平能成为慈悲的和平吗?每个灵性的观念似乎都无可抗拒地被置于严峻的形势接受考验,但我知道它不会错位与扭曲。不要被邪恶征服(be not overcomed by evil),这是直入心扉的召唤。以善胜恶(overcome evil with good),需要比大多数人所能见到的更强有力的'善',但这无疑是工作的正确途径。所以我们这个圣诞将如此去做。按常识判断几乎没有多大希望,但有大量的爱,即使在毫无希望的粗暴和令人沮丧的地方也有发现。"

他还曾对友人倾诉心曲:"我同其他人一样明白整个局势的严峻与黑暗,在这里很难找到公理与正义。个人自身问题早就有了回答。基督徒努力履行自己的职责,用不着为自己的生命担忧,只会为自己难以满足巨大的需求而感到愧疚。"②他和国际委员会的同事,继续日日夜夜救死扶伤,为数万乃至十万以上的难民谋求食物与住处,经常以恳求、辩论乃至自己的身体,在枪口、刺刀与受害者之间从事紧急救援。尽管他们的努力屡遭挫折,但是并不感到

---

① Bates papers, GR10, B4, F52.
② Maude Taylor Sarvis, "Bates of Nanking," YMCA, 1942, p. 5.

孤立无援与沮丧失望。正如贝德士所言:"这个本地为救济难民而奋斗的罗曼史,实在值得付出生命、鲜血、入狱与眼泪;这个德国纳粹(指国际委员会主席拉贝——引者)、英国生意人和我们美国传教士合作的故事,已经超越了我们国家的本分;在我们群体内还有一部分是伊斯兰教徒、佛教徒与天主教徒;应紧急召集而来的许多中国职员显示的优秀素质;面对武器和表现为不断要求'解散'并命令中国人不与我们合作的不信任所取得的实际成就:所有这些都需要你们现在的服务扩张空间增强技巧。"①

三、首要工作是真诚地面对现实

贝德士除为田伯烈提供大量资料,协助出版《外人目睹中之日军暴行》一书外,并不断通过秘密通信及向外界新闻媒介提供稿件等多种方式,揭露日军烧、杀、淫、抢、大量贩毒乃至残害慰安妇等暴虐罪行。所有这些手稿与其他第一手文献、图片资料,均保存于耶鲁大学图书馆的《贝德士文献》。

由于环境的隔绝、消息的封锁和日伪的歪曲宣传,当时并非所有外界人士都能理解南京大屠杀的真实程度。正如贝德士当年所曾指出:"南京罪恶的灾难终于真相大白,虽然很少人了解他的全部意义。田伯烈的书《日军在华暴行》是一本很直率的作品。不幸的是有些人在现今世界的邪恶面前畏缩了,不愿相信他们所谓

① Bates papers,GR10,B4,F52. 所谓解散,是指日本军方极端不满意国际委员会的继续存在与活动,多次要求并设法迫使它自行解散。命令中国军民不得与国际委员会合作,也是其破坏手段之一。

的'凶险故事'（atrocity stories）。为了和平与进步事业的首要工作，是真诚地面对现实。"①

因此，当一个美国牧师 J. C. 麦金由于不明真相且受日伪宣传影响，贸然致函《纽约时报》直指南京大屠杀"虚构"时，贝德士经由马吉牧师出面，于 1938 年 4 月 2 日给麦金写了一封信，开门见山地指出："我注意到你曾致函《时报》（指《纽约时报》——引者）说，有关日军屠杀的故事是虚构的。可能这些时日你已经知道它们只能是太千真万确了。如果我不是亲眼看到这些事情，我也不能相信这样的事会发生在现代社会，这使人想起古代的亚述暴行（Assyrian Rape）。我们未曾料到如此恐怖，当这些事情开始的时候，对我们是可怕的震撼。"

为了让麦金了解事实的真相，并希望他自行更正言论失误，马吉这封信再次描述了自己亲身了解的日军各种暴行事例：

> 中国慈善团体曾从事大部分掩埋工作，其负责人告诉我，从 1 月 23 日到 3 月 19 日，已掩埋尸体 32104 具，他们估计尚待掩埋的数字与此相近。其他一些团体也在从事掩埋工作，还有一些尸体是由亲友自行掩埋。例如，城门以外约 1 英里处我们教会公墓的守墓人告诉我，在城外被毁的 2000 至 3000 平民，是由当地老百姓自行掩埋的。（我需要说明，就在几周前，他自己也在那里被一个日本兵击毙。子弹已被取出留在医院。）需要很长时间才能知悉我们自己的人，包括初步接受教义者（catechumens）

---

① Bates papers, RG10, B4, F52.

和同情者,有多少已被杀死。因为许多人逃到乡下,家道殷实者则迁居内地。12 月 16 日,当我们正在难民区一个地方举行简陋的宗教聚会时,就被抓走 14 个男人,其中至少包括两个男孩,而有一个就是牧师的儿子,有个孩子只有 16 岁(中国虚岁,实际是 14 岁或 15 岁)。这群人在江边被机关枪扫射致死,只有一个人奇迹般地逃出来。他与其他人一起倒下,虽未受伤但却装死,并以附近尸体掩护自己。他趁黑暗逃走,回来报告已发生的事情。稍后我看到数百尸体堆积在江边。另一个宗教集会的参加者自愿去找一点燃料,在不远的街上被抢劫。他的父亲是一个查经班的成员,这个班在日军进城后由一个牧师主持已数周。全班站立着,董先生(牧师——引者)翻译《圣经》,向他(日兵——引者)说明他们正在读什么。这个日本兵拿起手边一根长而重的铜烟袋,猛击董先生头部。及至我赶到时,发现董先生满面流血躺在地上,连忙把他送往医院。还有一次,我来到一个房屋,那里有 11 个人被杀死了,除了 3 个男人外,其余都是妇女与儿童,其中一人是 76 岁老翁。只有一个 5 岁(中国虚岁)儿童幸免。还有一个 9 岁被刺刀刺伤背部和侧面,总算救活了。上述儿童的母亲被强奸,阴户仍插着瓶子。这位妇女的两个女儿,分别为 14 岁与 16 岁,被绑着强奸数次,然后杀死,大女儿的阴户仍插有木棍,其悲惨一如母亲的遭遇。在她们被杀以前,分别为 76 岁与 74 岁的祖父母,曾试图保护她们,当即被击毙。如果这个严重的悲剧仅仅是个别事例,也许可以说是士兵恣意所为,但毕竟发生这么多如此恐怖的暴行,仅我个人所亲眼看见的就是这样残酷的惨剧。我还曾送一个 15 岁小姑娘到医院,她告诉我事情发生的经过。她的哥哥、嫂嫂、姐姐和父母,全都当着她的面被刺刀捅死;然后她被带到一个军营,那里有 200—300 士兵。她被关在一间房里,脱光衣服加以强奸,每日数次,如此将近一个半月,直至她得病,不敢再接触她。她告诉我,那时还关着许多和她同样的女孩。我曾与一个 76 岁妇女谈话,她被强奸两次,她那寡居的女儿被强奸 18 或 19 次,现在不知死活。这是我获知的年龄最大的一个案例,但一位查经班妇女告诉我,她与一个 81 岁的老太太同住,(日本兵)命令老太太脱光衣服,她帮助这位过于年迈的老太太,但老太太终于被枪杀了。我曾把住在德福堂的妇女,一车又一车送往医院,她们是在被强奸后就医,其中最小的一个女孩只有 10 岁或 11 岁。我与住堂牧师佛尔斯特先生花费许多时间守护两座房屋,这里住着我们的老百姓。在形势最严峻的时期,白天我们轮流站在街上,以便观察好几所房屋,而当日本兵企图进入某处房屋时,我们就可以及时赶去。元旦那天似乎略微平静,我们俩人便离开一会儿,应邀参加一个宴会。宴会刚刚结束,便有两个人跑来报告,日本兵正在追赶那里的女孩。我们赶紧开车回去,但已有两个女孩被奸污。另一个女孩设法逃走,但一位年长妇女曾为这个女孩跪求饶免,却被刺刀捅向头顶。我还可以花费更多篇幅告诉你此类事例,但我认为我所写的已足以使你知道暴行故事绝非夸张。……

　　我之所以要写此信,是由于坚信应让所有日本朋友
了解事实真相。这是给日本友人的一份真诚友谊,让他
们知道在中国发生了什么事情。我深信,如果日本多数
民众知道在这宽阔的国土上发生的事情真相,他们一定
会为之震惊,正如我们亲眼看见暴行开始发生时一样。
这些暴行事实可以用来对付军方,他们才是冲突的真正
根源。

　　我希望你站在正义与真理的立场,更正你曾无知地
提供报纸的任何错误资讯。……①

　　贝德士是一位善良的基督教和平主义者,又是一个受过严格
训练的知名历史学家,所以他特别强调要"真诚地面对事实"和
"让事实说话"。他曾为揭露日本侵略者的御用喉舌《新申报》之
流的伪善谎言,提供大量调查资料与新闻稿。即从上述各种资料
已可看出,他是"南京大屠杀虚构论"最早的积极批评者之一。他
在1938年11月29日给友人的信中深刻地指出:"某个朋友采取
一种立场,于是就抹杀或撷取若干事实为其立场辩护,这就使他们
都流于虚构。"②

　　基督教和平主义者大多是国际主义者,他们主张国家之间、民
族之间、地区之间的和睦共处,不少人也承认宗教自由化的现实,
提倡教内各宗派乃至各个宗教之间的沟通与和解。就贝德士本人
而言,他在中、日之间无所偏袒。他爱中国人民,也爱日本人民。

---

① Bates papers, RG10, B4, F52.
② Bates papers, RG10, B4, F52.

他是在华美国学者、传教士当中屈指可数的日本通之一。他曾先后7次访问日本,对日本的历史、文化与社会状况有相当深刻的了解,并且以向外界(特别是中国)介绍日本作为自己的志愿。但亲眼看见日军侵占南京后的残暴罪行,使贝德士很难将自己心中过去的"日本相"与现在南京的"日本相"重合起来。他曾在一封致友人信的末尾,深感困惑地说:"我曾多次访问日本,并有幸全家住在摩耶与令姐为邻。这是一个美丽的国家,我认为人民可亲。怎样调和我曾见过的日本与我现在此间所见的野蛮,这还是一个有待解决的问题。"①但即令如此,他也没有失去对日本人民的关切与信心,正如他在另一封信所表明的那样:"对日本朋友,对日本民族生活和文化中的优秀品质,我仍旧衷心地欣赏,对他们当中有人遭受苦难和死亡,我也很关注,我希望他们的子女前途美好。我始终是个基督教和平主义者。严酷的经验使我确信,拯救人类不能靠枪炮,也不能靠各民族所崇拜的偶像,只能靠对人类大家庭全体成员的真正关心。"②

　　贝德士同国际委员会其他成员一样,他们之所以要逐日逐事地翔实记载并向外界揭露日军暴行,既非为美国政府或中国政府宣传,更不是为了谋求个人的名誉与地位。他们主要是出于内在道义责任感的驱动,首先是觉得作为知悉内情的极少数人理应勇敢地向全世界说明真相;其次是企望通过揭露赢得广泛国际同情,迫使日军暴虐罪行有所约束。《外人目睹中之日军暴行》第一、二两章连续引用的那两封长信的笔者,南京安全区主任费吴生在此

---

① Bates papers,RG10,B4,F52.

② 转引自 Bates of Nanking,p. 5。

信一开头也曾表明类似心态:"我要叙述的不是一个愉快的故事,实际是很不愉快和令人不忍卒读的故事。这个故事有难以想象的太多罪恶与恐怖,这是一伙具有无可比拟的兽性的下流盗匪残害他人的故事,他们将这一切暴行放肆地施之于和平、亲善而守法的人民。即令这个故事只有极少数人知道,我觉得也必须讲出来。只有讲出来,我才能安宁;是不幸还是有幸,我就是极少数人之一,他们有责任讲出这些故事。"①这也许可以看作是贝德士等人的共识。

也正是由于如此,国际委员会记录日军暴行的文字资料,具有非常客观、公正的特点。特别是那些通过各种方式和秘密送出的私人信件,更是坦诚、翔实而令人信服。本文所引用的仅为这些信件之极少部分,我尽量不作删节或少作删节以保持原貌,就是为了让读者直接接触当时、当地、当事的第一手材料,便于作出自己的独立判断。但是,也不能不指出,由于战乱环境的限制,加以贝德士、史迈士等资深学者特别强调查核求证,他们对日军非战争行为造成伤亡数字的估计偏于保守。

以贝德士为例,他在日军占领南京将近一个月的时候,即1938年1月10日发出的密信,即认为有"一万多手无寸铁的民众被残酷地杀害"②。1938年11月29日的另一封信更明确地指出:"我们对南京平民被杀数字的最后统计是12000人,十分之九与军事行动无关,其中包括许多女人、儿童与老人。"③所谓最后统计,就是国际委员会委托史迈士主持的南京地区战争损失调查的结

---

① Bates papers,GR11,B9,F202,原信收于耶鲁大学神学院图书馆特藏室。
② Bates papers,RG10,B4,F52.
③ Bates papers,RG10,B4,F52.并参见《南京战祸写真》的有关数字统计,贝德士实际上也参与了此类调查与组织工作。

果。贝德士与史迈士颇有点学院派气味,尽管这一调查从客观环境到调查方法都有很多局限,但直到 1946 年 7 月出席东京国际法庭作证,贝德士在陈述词中仍然重申:"据金陵大学教授斯密士(即史迈士——引者)调查,有一万二千非战斗人员被杀。"这个数字与通常所认为的南京至少有 30 万人被杀相距甚大,人们有理由对此提出质疑。我的看法如下:

第一,贝德士从来没有把 12000 人作为南京地区被日军杀害的非武装中国人总数,而只是作为安全区及其周围经调查核实的平民被杀数位,因此决不可以把 12000 人看作是南京大屠杀中国民众死亡总数。

第二,作为严谨的历史学者,贝德士陈述事实一丝不苟。他在谈及 12000 这一数字时,一般也要客观地介绍其他人士的不同估算,以供外界比较分析。前述 1 月 10 日函在说到"一万多手无寸铁的民众被残酷地杀害"时,紧接着便指出:"大多数我所信赖的朋友认为远远不止此数。"过了两个多月,贝德士在经由马吉给麦金牧师的信上又提供了新的资讯,即中国慈善团体"从 1 月 23 日他们开始工作到 3 月 19 日,已掩埋了尸体 32104 具,他们估计尚待掩埋的尸体数字与此相近"。据此即可推算,仅中国慈善团体已经和尚待掩埋的尸体已达 64000 具以上。这还不包括"其他一些团体也在从事掩埋工作"。此外尚有"当地老百姓自行掩埋的",仅守墓人所知一例即达两三千人。而贝德士在同年 11 月 29 日一封信中又提到:"三万以上已抛弃武器的军事俘房被残害,大多是捆缚成行在江边被机枪扫射而死。"①

---

① Bates papers,RG10,B4,F52.

第三，我还发现贝德士在 1938 年 2、3 月间撰写一篇驳斥日本宣传的评论稿，内称："自从日本人无缘无故地发动侵略以来，已经过去 7 个月了。他们军队所到之处，都留下彻底破坏和一派混乱的迹象。为蓄意制造恐怖，日本军队对平民百姓进行残酷无情的屠杀和空中轰炸，而由于严密的新闻封锁，那些更为令人发指的行径永远也不会为世人知晓。最有可靠根据的事实是，在日本军队前进时，在上海—南京地区至少有 300000 平民已被杀害。"①这是迄今为止，我在《贝德士文献》中查到的他所提供的最高数位。尽管是包括京、沪两地，但由于大规模滥杀平民确实主要是在南京地区进行，而且还未包括上述"经允许予以保护而自动放下武器的士兵"之大批受害者，所以这个数字对于自认为"保守"的贝德士而言，已经是够大的了。

贝德士作为重要证人，曾先后出席东京、南京两次军事法庭对日本侵华主要战犯的审判。他在接触更为广泛的相关咨询以后，再次明确指出："检查安全区报告及红十字会埋葬死尸之报告，男女小孩死数甚不完全，且较实数为少，盖平民死亡绝不止 12000人，无武器之军人被杀者亦绝不止 35000 人。以上所述为确知之情形，其不知者，定较此数较大，亦无法计算矣。"②这可以看作是贝德士对南京大屠杀死亡总数最后一次正式表态。当然贝德士从来没有认为自己能够对此总数作出权威的判断，因为根据他在战争期间的丰富实践经验，深知在如此大规模的而极端野蛮的侵略战争中，统计伤亡总数，很难做到十分精确。1941 年 6 月 25 日，他

---

① Bates papers, RG10, B103, F876.
② 贝德士陈述词，见《侵华日军南京大屠杀档案》，江苏古籍出版社，1987 年，页 261。

在纽约为国外布道会议所作的一次内部演讲中,谈到中国人伤亡总数时,曾指出日本公布的数位比实际数位至少缩小三分之一,而"在这场战争中,一百万伤亡可能从来没有记载"[①]。贝德士认为自己的责任,仅止于就自己亲眼目睹和经查证落实的事实,向世界说明南京所发生的真实故事。贝德士等外籍人士,主要是做难民救济工作,他们所做的已经够多,我们不必对他们做过高的苛求。

贝德士一贯保持承认自己有所不足的谦虚美德与求实学风,他与浮夸宣传无缘,更厌恶哗众取宠。而这正是《贝德士文献》史料价值之所在。

---

①   Bates papers, RG10, B98, F800.